種族、偏見與歧視

熊秉真、陳秀熙——編

Race, Prejudice, and Discrimination

目次

序　言

種族、偏見與歧視：
因何來，怎麼去？

加州大學爾灣分校國際哲學及人文科學委員會新人文
講座教授，香港中文大學歷史系講座教授　熊秉真

　　與種族問題相關的歧視，一向是各種偏見的重中之重，
自昔已然，於今尤烈，無分西東。

　　中文學界至今罕見正視此議題之力作，不能不說是一個
嚴重的缺失、遺憾。書中數位同仁經多年商談，決定各捐原
作，共經篇章，希欲引玉於未來。聯經林載爵先生毅意襄
助，在當今的出版文化景況下，實屬難得。

　　中文閱讀世界，牽涉偏見與歧視的詞語不多，但在日常
交談和公共領域作用仍大，其語意、字根、概念、運用，在
現代中文之口語與書面上亟待釐清。此書之成，是相帶動系
統關注與深入研究的一個啟端。

　　相對而言，以當今世界通用的知識語言──英文──為
傳媒之論述「種族主義」（Racism）的著作，近一二十年來
在人文各領域，以世上不同地域事例立言，積累者就豐富得

多。

考量於此，本書結構上決定搭建於四部分基礎：

第一部分，選譯蒲慕州英文專著《文明之勁敵》之導言與結論兩章作為全書楔子，原考量常中外上古為問感之起點，憑空起疑；像時下充斥戰場、巷閭、新聞媒體的種種偏見、歧視，觸目驚心，揮之不去，究竟只是一個近代的現象，還是自古早有？作者《文明之勁敵》（*Enemies of of Civilization*）著於15年前，舉古代埃及、西亞、中國三支主要上古文明對其周圍異族之心態、痕跡，可以局部回答大家心中這個疑問，人們見不同於自己的人，以「非我族類」指之，乃至生出各類排斥，攻擊性之感受、念頭、語言、舉止，真是自始即然，還是如某些其他學者所言，是一個19、20世紀近代民族國家興起，邊界對抗體制強代以後，日演日烈的公害？或者說，抽絲剝繭，逐一細分，如今傷害各地最嚴重的種族、宗教、性別、階級等等歧視、偏見，哪一分項之惡，惡念、惡行、惡言、惡語，是不是都能逐一追究到始於何時何地；一路如何演變惡化到哪一個個別地區，社群所眼見，身體膚受，眾所熟知，痛惡見證，卻又往往無法扼止的具體傷害，衝突？

於此，我們也許也以藉此「比較」視野，看看古今中外對與種族相關的歧視所承襲的社會與文化處境。以蒲慕州所作整理可見，古代埃及、兩河流域、中國的居民統治者毫無疑問地對其周圍的外族、他人，都帶有一些「偏見」，

反映在其語言、信仰、政治、藝術各方面。仔細檢核對這些林林總總如今看有些古怪奇特的偏差，其內俗細節各自特定的歷史發展，周遭環境之特定演變有關，彼此不同，各有「特色」，所以很難一體化地予以冠上個跨越地域時空的普遍性，更不應該得到一個自古已然的某種「自然化（naturalize）」的人性本然之類的結論。譬如說，人凶見周遭異己與自身習俗、形象之差異，免不了要生出些鄙夷，嫌惡他人的詞語、表情、作為。（雖則上古當時已留下少數人們讚嘆，豔羨的例子。）從之推衍出人之好己嫌人，喜同惡異，乃人情人性之常，自古皆然，無分西東。其實，如今看來，古代埃及、兩河流域、中國各有所曾經衍生出的對周遭異族他者的描述、誤解、偏見、歧視，相互對照之下其點滴細節正是仔細研究上的關鍵收穫，尤其是再從現代制式種族主義特定內容、角度、偏見下，數千年前這些古代文明的活動者，他們對異族偏見相形之下所「沒有的」某些歧視性特徵、用語，無論是對膚色、體質之歧異視別，或對某些信仰、習性之漠視、淡然，可能都反映了作為當今一般文化尺度，公共坐標的近代通用種族主義語言與概念上的過度氾濫，與欠缺知性基礎的普世性預設（universality）。

　　另外一個值得連帶提起的問題，是西方近代種族衝突幾次大規模的殘殺，譬如屠猶，及黑白問題在歐洲、北美與西亞、南非的慘烈事件，至今難息。西方學界輿論因之追究不已，議論種族與偏見，因社會檔案上已公認此「顯見之惡」

在近代歐美，有其詞彙、概念、論述上，即使明知有右派極端勢力（如三K黨）威脅陰影之下，似乎因禍得福，在社會上已形成了一個大家不能否認的「有形之惡」。

反視亞太地區，或者所謂東方，華語華人圈，近代或民國以來，無論五族或多少少數民族，彼此日常摩肩擦踵，是不是就都水乳交融，大家所處的法律制度，所屬的政策次序，是否如其所誓所願，在人人平等上，正義，正當，正確，正常。老幼男女，尋常百姓，心中自知。種族與歧視，是我們享有的「隱性之惡」嗎？或竟也不是那麼隱性？

由此看來，與種族相關的歧視或者偏見雖偶或爆發為大型激烈的衝突，甚至在有意帶著歧視性政策下，在政府操作下執行大規模，有組織的，針對某一特定族群執行種族性殘殺，譬如大家所知的納粹屠猶，北美殺滅印第安原住民，或非洲、拉丁美洲殖民者對當地有色人群的長時間，有系統的歧視、殺害，以及美國非裔族群，19、20世紀白人殖民者對其亞、非、拉當地被殖民民眾的視為當然的歧視。這些歧視法律言行，明目張膽，令人聞之驚異，視之（事後在紀錄片或者電視上）難以置信。

之所以令人驚異、不信，是因為多半人自以為不在其中。也就是說偏見，歧視遍行多時各地，一向少有人承認自己可能帶有偏見的眼光、態度，日常操作著歧視性的行為、制度。到了近代，戰後，正式的道德哲學，表面的政治正確已經一點點地宣布著歧視性言行之不可取。同時，諷刺的

是，偏見仍然深植人心，在人人日常生活中繼續下去。人我之別，我群他群的區分，貶人自高的習慣，充斥在平常人的平常活動裡，不需要概念性詞語的界定，用不著理論之標示，最嚴重的傷害，行之已久，周遭的人都可不聞不見，視如平常。所對納粹屠猶般殺害數百萬人的滔天大事，事後歷史學者反省，才會有人指出類之事件當時人人坐視，其實不也就代表人人染指，沒有人能說自己可以完全脫罪，以為政府，眾人之惡與自己一點都沒關係。

艾斐然（Philomena Essed）《日常種族歧視》書名，一語道破，直指禍心。以其在加州與荷蘭口述訪談的二十五位蘇利南與非裔女性為例證，記錄其平日所經歷的差別性待遇，到了1980年代，一般受教育的白人對赤裸裸地歧視性行為，多少有些敏感（sensitized)，所以黑人女性早早晚晚所遭遇的，不一定是直白的斥罵、傷害，但她們在訪談中坦言，自己受人踐踏、鄙視，不論經過如何包裝隱藏，如人飲水，冷暖自知，沒有不點滴心頭的。常態化了以後，潛行更深。

艾斐然所描述記載的日常性歧視，與高德維（David Goldberg）所分析的深植的偏見難以用表面現象（美國終於選出了黑人總統、副總統）、膚淺的規條，徹底根除。讓西方社會真能掙脫過去劣行惡跡，走向「後種族主義（post-racial）」時代。

兩位作者雖以其所熟知的西方現代社會立論，文中均直指其所點出的歧視問題，絕不只屬於西方，不幸在世上其他

社群，其他時地照樣存在。

援之，三位英文作者蒲慕州、艾斐然、高維德教授特地為此書之刊行，分別再以中文和英文撰寫簡短的致中文讀者之分節小序，表白他們對此專題以譯作融合新著，共同對歧視與偏見問題申論時的全盤考量。在翻譯其篇章的過程中，三位英文作者，與二位中文原著同仁，與我一同於2020年8月在國立臺灣大學公衛學院「健康人文」暑期課程中以此「種族歧視」為素材，授課、討論，數十位同學紛以國語、閩南語對原住民、外傭、外配等日常偏差性稱呼分享，回應偏見歧視絕非西方白人專利，周圍身邊一樣鮮活存在。同學們其自編短劇，饗以課堂老師，回應了原著、新著者的關心、疑慮。

也正因此，當時一同講課的陳秀熙老師與石富元醫師慨允將其長時間以來對台灣周圍社群，尤其常見於醫療、照護、公衛等相關環境與活動中的問題，發抒為文。

陳秀熙老師以其流行病學及生物統計的嚴謹學術訓練，就眼前人人揮之不去的全球新冠疫情為焦點，提出其間所反映的各種種族歧視與健康不平等的系統與結構性實情，發人深省。過去公衛與人文社科的跨學科合作，常不免發生於事後（如SARS），甚至援用過時的理論與素材。此次得有重要學者即時提出關鍵性分析，十分不易。該章以新冠肺炎染病之分布與過程，明示其所見之全球地域，國家，社經地位，族群之基本不均不平，乃至其藥物治療，疫苗分配之失衡失

序，仍在繼續發生中。如此兼顧醫療、公衛與人文人道立場之分析，正是健康人文領域之範例。

石富元醫師的反思，從個人感慨出發，終至對專業需求，娓娓道來，不能不人為之觸動。石醫師是一位臺大醫院急診醫學部的資深醫師，在醫療工作時常帶悲憫之心。其觀察細微，書寫平靜。以台灣周圍傭工與醫院沉默辛勞的外籍看護為例，點明偏見與歧視絕非歐美白種人的專利，叫它「種族主義」（racism）是否因為太沉重而顯得遙不可及？其實在排斥異己，壓迫弱者上，我們周圍的人物與卡夫卡或魯迅筆下人物之遭遇本質無二，這也是為什麼艾、高等外文作者以「日常」是難以「跨越」為尺度，與上古聯想，一再重申此不分古今中外的人性卑劣。藉著身著白袍與忙於疫情的急診醫師與流病學者之筆，把偏見、歧視與種族等問題，從抽象的理論帶到當下大家的身邊，從遠地激烈的殘殺、衝突聯繫到你我日常所見所為，有此筆法，中文華人讀者，何其有幸？

此書之成，綜合英文著作之翻譯，及中文新篇之加入，內容上跨越古往今來之時空，議題關懷上涵蓋歐美、南美、南非直至亞太台灣之當下經驗，還有幸在課堂與同學一塊討論，推敲，編劇展演。確實希望以此匯成之眾聲能在中文閱讀界合體，對「種族、歧視、偏見」這樣一個任何社會繞不過，華人社群不能不捫心自問的議題，為一有系統的整理與書寫，就教遠近讀者。

　　在當今出版界與學界一同面臨困難與挑戰之際，林載爵發行人率聯經出版公司，堅持在國立臺灣大學公衛學院贊助下，為此重要議題出書，慷慨允諾。其間黃咨玄博士之努力翻譯、蒲慕州教授之仔細校正，與劉慧儀之協助，均此一併致謝。

　　書稿付梓之際，全球疫情膠著，如聯合國等國際團體公開承認種族、歧視與偏見仍是深藏舉世痛中之痛背後的無聲無形殺手。述因由此，願呈數篇新舊著作，與遠近中文讀者一同深省。

古代篇

香港中文大學歷史系講座教授
蒲慕州

導言：文明之勁敵

　　本書中選譯的兩章，出自我15年前出版的一本英文作品第一章和第七章。（*Enemies of Civilization: Attitudes toward Foreigners in Ancient Mesopotamia, Egypt and China*（Albany: State University of New York Press, 2005）原書的用意是想討論古代世界一些比較為人所知的文明中，人們的文化自覺。這文化自覺是如何表現出來的？一個方法是看看他們如何看待或對待所謂的異族。但是一個民族或文化如何看待異族，能夠反映出多大成分此民族文化的特色？如果沒有與其他民族文化的對照，其實也不容易釐清。這是我開始思考這問題的源起。一個問題：文化自覺，或者對待異族的態度；一個方法：比較。比較研究本身也是個需要考量的問題。為何比較？如何比較？比較什麼？我在第一篇文章中有一些討論。至於說，本書到底發現了什麼？有什麼新的對中國、埃及，和兩河流域古文明的認識？我在第二篇文章中嘗試做一些說明。讀者可以發現，這些說明似乎相當複雜，有部分原因是因為本書的主體並未能譯出，而一些說明的根據在這些章節

中。（有興趣多了解的讀者，可以參考我的一篇文章：〈古代中國、埃及與兩河流域對異族態度之比較研究〉《漢學研究》17, 2〔1999〕: 137-168）但我希望這一章中談的問題，亦即文化自覺與對待異族的態度，在這些古文明中各有異同。而共同的地方，我認為，是他們區分他者的原則是文化和生活方式，而不是「種族」。以膚色為主的現代種族主義，在古代尚未出現，或者說，不是主流。因而我認為這二章對於本書以下討論現代種族主義的各章，提供了一個歷史背景，提出了一些應該考量的方法和概念上的問題，也為現代種族主義的問題增加了一些立體感。

追索古代的他者

如今其他的作家向我述說他們（斯基泰人）的野蠻，因為他
們知道那些可怕與驚奇之事讓人驚嚇，但我也要說出相反的
真相，好讓那些真相成為行為的範式。

——埃福羅斯（Ephoros，古希臘歷史學家），

約西元前405-330年

關於他者之問

　　歐洲中世紀所盛行的奇幻故事中有一個類別，往往提及
那些住在遙遠國度裡的奇怪或是怪獸般的人們——單足人、
臉面長在胸口的人、有著超長嘴唇，長到可以做成雨傘的人
等等。其實這些故事中的一些並不是來自無中生有的想像
力，而可以溯源到西元前五至四世紀希臘作家的作品。古代
晚期以及中世紀早期的遊歷者將這些作品帶回歐洲，當作文
明世界之外奇境異界的傳奇故事，讓人感到詫異而有趣。然
而，這些怪談並不只是引人注目的故事，因為裡面涉及的地

理概念——也就是其他地方自然與人文環境的訊息——是關於宇宙一切的知識體系中最基礎的一部分，同時它也是關於人類生存「真相」的關鍵成分。關於那些怪獸模樣種族的知識很可能就是某些人定義自身存在的方式；亦即，透過建立出非常不同的、有時充滿異國情調而有時怪異而危險的「他者」，人就可以獲得自身正向而且「正常」的想象認知。這也挑戰了人何以為人的認知觀念，因為世界上的人種有如此多的「變化」。

這些故事中提及怪獸模樣的種族，使我們聯想到了西元前四世紀的中文文本《山海經》裡對於外族人的描寫。與這些歐洲故事相通，《山海經》也呈現出各種神奇的化外之地，肚皮上有個大洞的種族、單眼人，有的地方還住著單手、單腳的人們等等。

我們未必有需要去猜測古希臘和古中國這些故事的來源之間是否有所聯繫。無論如何，這些故事已經展現出不同文化之間對於異地事物共同的想像模式。當人們描述遠方的人事物，雖然很有可能在一些狀況下會出現源自於文化傳統中已有的誤解、誇張或添油加醋而成奇怪或猛獸般的人物造型，但說故事的人也有天然的秉性任由想像力信馬由韁，創作出充滿異國情調的故事。歐洲中世紀故事或是《山海經》裡面的怪獸，雖然往往流為民俗世界的一種存在，也時常被現代學者用來重建遠古地理或是神秘學傳統，但另一方面而言卻具有非常意義：它們暗指了一種根深柢固的文化心

理——將「異邦的」和「怪獸模樣、邪惡的」，甚至「非人的」、「次等人的」等等概念串聯在一起。比起單純的描述「現實」，這就讓這些故事不僅僅只是脫離了說故事的人自身形象的文化意識產物。說到文化意識，我指的是一個文化中共享並用來區分自己和其他文化特徵的概念。基於不同的人們和不同的國家之間文化認同的形成與衝突，這種意識的重要性再怎麼強調也不為過。就文化意識所發揮的作用，現代世界歷史已經提供了大量的例子，例如民族主義的興起。在上古世界，文化意識對於任一文明的組成和發展也遠遠超過只是由單一強有力元素所構成。舉例來說，古希臘人面對異邦人或是非希臘人的態度，就被認為是基督教文明形塑過程中的主要成因。而猶太社群的整個歷史則可以被視為是為了保存其文化認同而特別強調某種猶太文化意識的延續性努力。基督教文明，從羅馬天主教教會而言，將「他者—異教徒」與「我們—基督徒」區分開來，並把這種區分延伸到善與惡的道德領域，也就是說，與「吾輩」異殊者，皆必為「邪惡」。

　　上述觀察似乎與經常之識吻合，即為了建構團體的身分認同、保持社群昌盛，在我們和他們兩群人之間劃一條線，既自然又有必要。更被許多人當作理所當然的是，對於「異邦人」或「外國人」的偏見是任何人類社會面對「他者」都會有的自然反應。雖然我們不否認這樣的事實，我們不應該假設在任何一個古代文化中都是這樣。當我們近看歷史

證據，我們就會看到真實的圖像不總是非黑即白；亦即，在本研究中所將會觸及的這些「外國人」，由於各種不同的理由，不總是直白地被認為或被描述成邪惡。

舉例而言，古希臘的作家埃福羅斯（Ephoros，約西元前405-330年）對於斯基泰人的民族志在古代地理寫作的傳統裡占有重要的一席之地。在他自己的記述中，埃福羅斯提到斯基泰人是最守法的民族，有著不可動搖的道德正義。這裡我們找到了一個被古希臘人深深讚賞羨慕的異族群。這種對於該民族的讚賞顯然是一種「道德修辭」，就如同埃福羅斯自己如此說：「如今其他的作家向我述說他們（斯基泰人）的野蠻，因為他們知道那些可怕與驚奇之事讓人驚嚇，但我也要說出相反的真相，**好讓那些真相成為行為的範式。**」雖然這些道德修辭或多或少能反映這個游牧民族生活的一些真相，但顯然這些古希臘作家並不太在乎這個游牧民族的實情，因為讓他們熱衷的是使用這些「**行為的範式**」來當作道德評論的工具。換句話說，埃福羅斯真正關心的是否是以深切的同情心來認識這北方的游牧民族，我們其實難以判斷。反倒是，對於斯基泰人的理想化表述，或許是古希臘人文化認同構成中的一部分——因為古希臘本身已經達到如此的文明高度，所以它有能力來欣賞那些「還不文明」的異族——以這種方式來抬高、冠冕自己。由是，這種的排他、劃分「我們」和「他們」的行為非常微妙，甚至是下意識地，透過「正面評價」外國人的方式來達成。也因此，要了解古希

臘人對於「野蠻人」的偏見，就必須承認偏見——如果偏見真的存在——就不僅僅是單純的異族恐懼症或是直白的毀謗，而且不同作者或不同社會階層的信息也傳達了不同的角度。

　　埃福羅斯的例子指出，古代關於異邦人或是異邦的概念，都與古代人的自我意識有很細密的關聯，而且對於異邦人的描述或評論，往往與產生評論的社會政治狀況和道德倫理價值有更多的關聯，反而唯獨與描述該異邦人「真實個性」這件事關聯不大。有位學者說：「在（古代）敘述者和聽者之間，作為溝通的先決條件，存在著一整套雙方彼此都已經熟稔的語義學的、百科全書式的隱喻知識體系。」由此可知，古代作者們所寫下關於「他者」的一切，絕非只是靜態的「事實」，而是由敘述者與其假定的受眾之間的關係所給定的。「他者」，當然是他者，論述提及的「第三方」。對於我們這些現代研究者而言，這個原則也適用。我們對於古人的理解和描述——某種意義上而言，他們之於我們也是異邦人——也反映了我們自身意識、價值體系與社會政治面向的操作、偏向喜好以及偏見，而這一切卻往往與古人他們自身無甚關聯。

　　因此，對於古代證據的重新探索，並不只意味著給出關於古人心理狀態的新認識，也意味著幫助我們自身釐清我們的現代偏見。以面對異邦人的態度而言，如果我們習以為常地認定人類社會都是「自然地」恐懼異族，這個狀況就會被

認定然後甚至一直延續著。那我們就會變得歧視古人，或是也變得對我們的同代人發生偏見，因為我們已經陷入於認定固有偏見即為人性一部分的困境之中。

在我們開始之前，有必要深入地辨別我們在古代世界的討論中，「異邦人」（foreigner）一詞的含義。顯而易見地，現代概念下的異邦人指的是來自另一個主權國家的人，有著明確的法律意涵，所以不能對應到古代世界的語境中。在本研究考慮的時代之中，一個所謂的異邦人被視為一個來自某個地理、文化或是政治勢力圈——或是這些的任意總和——之外的人。再者，圈內人如何看待其他來自圈外的人，依靠的不只是這些理性的因素，偏見和誤解等等的非理性因素也作用其間。組成異邦人概念的這些因素隨著不同的情況與不同的文化差異而有所變化。

一言以蔽之，在古代世界裡異邦人的概念相當複雜，而「異邦性」的起因在不同狀況下也各不相同。我們需要進到每個個案中去細究當一個族群被另一個詮釋成異邦的時候，什麼是最被在意、強調的。儘管如此，承認這個事實依舊很重要：每一個我們持有的歷史證據，對於我們試圖呈現的歷史現象，都有可能是非典型的，因此可能會扭曲真實。我們能做的就是憑藉特定證據來看看能不能反映出關於古代人一些可能的態度或是心智狀態。

另一方面，一旦我們使用了「異邦人」這個詞，就會自動隨著該詞意義產生的視角出現一個問題。區分「我們」

和「他們」的「我們」是誰？如果「我們」事實上是與「他們」共享許多相同元素的混合體，那麼這件事就變得更棘手了。如我們接下來要討論的，種族認知或「我」感很大程度上是主觀的建構，這件事在學界早已經被充分地討論過了。同理可證，「他」感或是對異邦人的感覺意識，也是主觀的建構，而不需要貼合任何的客觀事實，例如生理特徵、生活風格，或甚至是文化價值。因此，當英文中使用「異邦」（foreigner）一詞時，我們必須了解它在拉丁文中早初或是原始含義，是foras，「在……之外」的意思，於是異邦人就是「在……之外的人（圈外人）」，也就意指在「文明」世界之外的人。也因此，每一個古代文明自有其獨特的詞彙來形容「異邦人」，不論是野蠻人、敵人，還是其他。

至於自我的身分認同，在本研究討論中觸及到古代文明的「我們」，即便在「中國」、「埃及」或是「兩河流域」這些概念已經廣為使用或是足夠清晰，事實上還是相當可議。換句話說，我們需要搞清楚在中國、埃及和兩河流域的語境下，「我們」究竟意味著什麼。這是牽涉到以下這些議題的複雜討論：這些概念的源起、不同情況下它們的適用性——當作指稱政治和地理範疇的詞彙、當作形容文化範圍的詞彙，或是用來說明一個國家的通史。不必過於深入細節，我將簡單地指出，當我在本研究中使用「中國」一詞，它亦等同於歷史脈絡下的「中國（處在世界中心的國家）」，或是等同於地理概念上的「中原」，也就是如今的河南、山東、

河北南部、部分山西以及部分陝西渭河盆地，後來也包括長江下游河谷，還有文化上受到商周文化體系和社會倫理規範所影響或管轄的王國和附庸國。鑑於這是個概念不斷發展的「中國」，當它出現在前帝國時期（約西元前三世紀之前）的歷史文獻中，它既是一個地理政治概念，又是一個文化概念的詞彙，指的就是上述地區的政治與文化現況。

無須多言，這個概念就是當時特定文化與政治的精英集團鍾情於推廣該特定政治和文化下所形成的產物。要精確分別和定義出這個詞彙在每次出現的狀況下是什麼意義，並不容易，特別是中國作為一個「民族國家」的現代概念19世紀之後才出現。更甚者，中國目前仍是一個存在中的國家。我們是否應該或是如何溯其根源，從現代國家的中國之中辨認出古代的中國，有極大的困難，因此不應急切地處理這個問題。所以，現在我先將這個問題擱置不理。

相同地，「埃及」和「兩河流域」一詞的使用，也要在它們各自的歷史脈絡下來定義——也就是，法老時期的埃及和波斯帝國興起之前的亞述以及巴比倫。與中國不同，這兩個文明已經不復存於現代世界，可以用文化地域來定義——尼羅河河谷以及「美索不達米亞」——介於底格里斯河和幼發拉底河之間的土地。我的預設立場是這些地域的文化發展很大程度上是連續的，儘管數千年以來政治上紛紛擾擾，但不是止步不前。接下來在本研究中，我將使用數章的篇幅來細節地討論這些變化。

藉由以上對中國、埃及和美索不達米亞意義的說明，我們或多或少能確認那些文化實體就在那些地方，定義得到、感知得了。不過，還有兩種評估面向我們必須顧及。第一，我們應該認知到「文化」一詞本身意義的模糊性，並且將之視作不斷變動的價值體系、宗教信仰、社會倫理，以及人為表達出來的行為模式，這些集合起來而無邊界的團塊。當人出現位移，它就擴展又變換位置；當人吸收新東西而遺棄舊的，並一代代往下傳，它就變化且變異。第二，因為它的無邊界屬性，一個文化的邊緣往往融合在與它臨近的文化之中，導致很難在它們二者之間劃出一條清楚的分界線。考古學文化常常依據陶器風格來分期，一個地區的風格漸進式地變化成為另一個地區的風格而沒有明顯的風格過渡的斷裂，就是最好的說明。另外，相同風格的陶器可能被完全不同的文化族群使用，這項事實，也進一步地加深了文化意義的複雜性。因此，一個異邦人，一個帶有非常不同的文化價值觀的使者，或是任何與我們不同的人，都只存在或被形塑於當我們站在「中心」的位置往外看的時候，也就是說，只有當地理的文化範圍足夠寬廣，以及／或是心理足夠強大的時候，我們才看得到文化意義的複雜性。

　　至於一個人如何判斷異邦人的「異邦性」多寡，只能依靠她／他和那個主要文化價值中心之間處於什麼樣的相對位置。或許有人會說，這很大程度上就是文化意識定位所造成的。也因如此，異邦人也是個相對概念：這完全要根據是誰

在什麼位置上觀看誰。這樣的理解毫無疑問地與有關種族的理論有密切關聯。

種族理論與古代歷史

　　古希臘關於異邦種族的描述也就是所謂的古代「民族誌」。這經常被囊括在關於種族或民族的現代論述之中，這樣的論述在過往數十年已經強烈地吸引了民族學家、人類學家、社會學家以及歷史學家的關注。其中一個理論廣被認可，認為民族或是國家的身分認同是主觀的建構，與生物學特徵沒有必要的關聯，而且民族是文化性結構，與客觀現實沒有固定的對應關係。這種民族身分認同形成的「主觀」論調，由弗雷德里克·巴特（Fredrik Barth）等學者提出，使眾多學者們相信當分辨一個「族群」（ethnos）的時候，最重要的不是生理或外貌的特徵，而是族群內部共享的價值系統以及對於血統傳承或是創世神話的普遍認同。一個民族族群，由此觀之，或許就可以定義為一群人他們視自身「如同遵循他們共同的先祖——不論真實或虛構——以及那些受到其他人尊敬的人一樣的美德」。這個觀點暗示了一個民族族群「共同的先祖」可以出於任何實務性或是情感性的理由而被捏造出來。另一方面，有些學者對於民族身分認同完全基於主觀建構的這個看法，仍然有所保留。他們相信在民族身分認同的形成中，客觀的生物特徵和文化一樣都具有重要

性。

　　說到當代社會的研究，民族身分認同的主觀說往往被援引來解構長久以來的種族偏見，特別是白人對於有色人種的偏見。這樣的論調有兩個觀點。以生物學而言，科學家研究人類基因的組成已經潛在地認為，使用膚色或頭髮等生理特徵來分辨種族的一般做法，是很有可能誤導的。也就是說，從基因特性來看，簡單的生理特徵可以歸因於許多種不同的血緣傳承，反之亦然。

　　如此看來，似乎不同的種族也有可能在基因上比那些外貌相近的還要更加親近。以文化而言，基因特徵的差異是否可以導致文化差異，這點更令人狐疑。固然人們或許會因為基因的相近性或生理特質而匯聚在一起，但這並不代表他們在文化上就必然有所聯繫。因為種族很大程度上是主觀的建構而幾乎或完全與基因無關，固有或固定不變的種族這件事於是無從斷定。

　　於是，雖然白人對有色人種的偏見早就行之有年，不少學者也注意到了非白人所具有的種族偏見。荷蘭學者馮客（Frank Dikötter）最近就針對當代中國種族的議題，引起學界相當可觀的熱議。馮客指出，種族偏見並非白人的特權，由於他們比歐洲人更早就進口黑奴，中國人將黑色皮膚與特別容易屈服的種族二者關聯起來。平心而論，我們必須指出中國使用黑奴和歐洲使用黑奴，不論在社會中使用進口奴僕的範圍廣度或是在經濟製造中使用奴役勞力的嚴重程度，都

不是一回事。無論如何，據我們所知，這個現象在古代都不曾發生。

　　不只是現代人才容易產生種族偏見，古代人也能對於異邦人橫加各種偏見。「βάρβαρος」（野蠻人）一詞的使用曾經常被引用為古希臘人對待異邦人的鄙視態度，雖這未必是這個詞最初的意涵。根據近來的研究，當古希臘人使用βάρβαρος的時候，大多並沒有貶義，而只是說明異邦人操著不同語言的文化差異罷了。直到波斯希臘戰爭之後，古希臘人對於「野蠻人」的概念才從原先表達語言差異的中立意涵，變成奇風異俗、如奴隸般、智力欠缺，甚至是傷風敗俗的野蠻人的固化、概化形象。這與波希戰前還不存在的「希臘身分認同」的建立有關。藉由定義他者——例如這裡談論的野蠻人——「希臘人」成為一個可被承認的文化實體。如同前述埃福羅斯的例子，這種文化身分認同的建構有著漫長而複雜的過程，因此我們對於任何「種族中心論」式的簡化模型都要很小心。

　　相同地，古埃及的詞彙「可憎的亞洲人」（wretched Asiatics, *'3mw hsi*）或是中國的「蠻夷」肯定帶有某些貶義，以便於將異邦人從「文明的我們」區分出來，成為「不文明的他們」。不過，如上所述，在分辨出史料的性質和意圖以及那些帶有偏見的表述的文化和社會政治背景之前，我們不應用一種單純的「集體敵意」的說法來描述古人的意圖。例如，長居邊境和文化圈外圍的人們，比起那些居住在社會

與政治權力結構中心的人們，對於異邦人的看法可能很不相同。因為從他們的角度看來，比起遙遠的文化中心，或許異邦人還可能更親近熟悉一些。再者，社會和政治群體之間邊界的劃定，只不過是在文化身分認同上「我們」對應「他們」概念統一之後的結果而已。其實，由領導者和精英們的野心與權謀所驅動的政治和派系利益往往隱藏在官方或公眾意識形態形成過程的背後，並將異邦人或是外國人化約成文化落後又傷風敗俗的模樣。在希臘史學家希羅多德遊歷埃及的報告中指出，埃及人對於希臘人並不友善。希羅多德的說法真實嗎？或是他只是表達出自己個人的偏見？他讚賞埃及文明的奇蹟與智慧，表達出一種理想化的記述，難道也是因為他想要改變他意屬的讀者——他的希臘同胞們嗎？如果我們能知曉他這些訊息的確切來源，那將大大有助益。能知道一個古希臘作家如何看待外國和外國人當然饒有趣味，而同等有趣的是，如果我們也能知道古埃及人如何看待像希羅多德這樣的異邦人。這就建構成一個更寬大的框架，而我將在其中繼續探索。既然古希臘人和古美索不達米亞、古埃及和古中國這些上古文明相比已經是後來者，尋求這些上古文明的文化或族群意識，或許可以提供一些有用的資料來幫助我們更好地了解文化和種族偏見。

選擇研究對象

　　本研究致力於比較古代美索不達米亞、埃及與中國如何對待異邦人與異文化的態度。更廣泛地講，這是一份關於三個古代文明文化意識的研究。

　　古代研究的領域裡，專注在單一特定文明的藝術、歷史、宗教、哲學等等成就的研究，司空見慣。而學者們使用實證主義式的直白途徑來接近、觸碰他們的研究對象，也毫不新奇。例如，在埃及學領域裡，如果想要研究宗教信仰，那就研讀《金字塔文》（*Pyramid Texts*）和《死者之書》（*Book of the Dead*）這類的宗教文獻；如果想要探索倫理價值和道德規誡，那就要看傳記類文獻和智慧文學（wisdom literature）。我們對於古埃及文明特徵的了解很大程度上就是這些研究的累積成果。這方法合規正當，而且已經成就了很多重要而且無法取代的研究成果。然而，至少有一種觀看與理解古埃及文明的方式——或可以是任何其他文明——是無法以這種方式充分說明的。這就是一個社群的文化意識、自我認知。人們總說天下最難的事情之一就是認識自己。如果不多多少少知道他者，人們是不可能認知自己並且建立自我身分認同，或是自我認知的。而且，一個人的個性常常透過對待別人的方式來展示自己。這在文化來說也並無二致，因為由上述那種實證主義式方法所能得出的文化的個性，其實只能呈現全景中的單個面向。在比對文明給自己的自畫

像和他者幫它畫的肖像——或是現代學者幫忙重建的自畫像——之前，我們不能毫無保留地接受那張自畫像。不論是否如實反映，從一個族群對其他文化的畫像中——其中包含了他們對異邦人和異文化的理解、態度、論述——我們能學到不少關於製造這些畫像的這個族群的事情。對於異邦人的概念，就是一種能揭露畫家價值觀和偏見的肖像。從中我們能提出不少質問。例如，人們如何認知這些異邦人？他們本身也和我們一樣被當成是人嗎？還是他們看起來就低於人類？這些認知從何處而來？這些認知又去往何處，造成什麼後果？人們如何對待異邦人呢？更甚者，古代世界的人們以種族、生理，還是文化為基礎來分別不同族群的人們呢？「異邦人」真的在文化上和種族上不一樣嗎？抑或是這些不同之處是偏見和誤解的結果，是人為建構出來的嗎？這些載有異邦人訊息的歷史材料的本質和社會文化脈絡是什麼呢？

不同時期的同一個文化中對於異邦人是否存在著多種的態度，又為什麼呢？是否有任何程序或是內部文化機制能和異邦人與異文化互動，也就是文化的互相滲透或是同化？透過嘗試回答這些問題，本研究意圖更好地了解古代文明如何被其他文化感知。透過比較他們對於其他文化的態度，我們於是可以用特定的角度來看待這些文化的異同，從而顯露出他們的自我認知。最後，我們比較這些不同的自我認知，其結果必定能增加我們對各自這些文化的新認識。

之所以選擇中國、埃及和美索不達米亞的明顯理由，是

因為它們三者之間有個共同點：在它們各自所屬的世界，在它們的全盛時期，它們每一個都是強勢文明。基於它們的強勢地位，它們發展出一種心智狀態，各自有所不同，但都認為它們在文化上優越於它們的鄰邦。籠統地說，它們都認定了自身在鄰近「較小」部落或國家之間的霸權地位。在古中國，從西元前11世紀起的西周時期就逐漸發展出了中國就是「文明國度」中心所在的文化意識。前人對這個文化意識發展過程的研究，主要集中在諸如此類的問題上：中國人與異邦人的差異、中國（中土之國）文化身分認同的鞏固，或是中國的起源。固然許多學者已經探討了中國和華夏這一類，或是戎、狄、蠻、夷等貶義對應詞的詞源問題，他們的焦點大多是放在詞的原來意義、它所代表的地理區域，或是它和種族之間的聯繫上面。這些研究所遺漏的是可以提供中國文化意識的「中國性」（Chineseness）訊息的比較視野。我們需要知道的是——如果真的存在——什麼是中國文化意識所特有的屬性。另一方面，埃及學和亞述學的學者通常將他們的專注力放在這兩個文明語言、歷史、文化、藝術和宗教方面的解釋和詮釋。這些研究中，種族地位和鄰近區域互動行為等問題並不是沒有人觸碰。不過，這些研究通常從這樣的假設出發：他們認為只有當不同族群之間有直接而且清晰的互動的狀況之下，比較才是有意義的——好比貨物的流通、想法或是製造的藝術主題的嫁接。

主題式的比較，雖然在一些為數不多的研究中順帶涉

及，直到最近學者們才賦予足夠分量而嚴肅的重視。

上述的現況多多少少激勵了本研究，引發了為比較研究開闢新天地的企圖。本研究的啟程點不是要去建立出這些古代文明是否有任何的「關聯」或「聯繫」——雖然埃及和美索不達米亞肯定有——而是去觀察它們對於他者的回應與態度是否能透過比較而展現出該文明本質上的明確特徵。值得一提的是，在本研究的過程中，我決定擱下古印度和古希臘——前者與中國、埃及和美索不達米亞並駕齊驅，并稱古代世界裡的四大文明；後者則是歐洲文明的靈感之泉。因為我缺乏適當的學術訓練，只能放下印度。初步研究顯示，在印度悠長而複雜的歷史中，語言差異以及生理差異（程度上比較輕微）是決定怎麼看待與對待異邦人的主要因素。而後，用文化、儀式地位和地理差異來甄別語言差異的複雜性，造就印度的我者—他者觀念成為一個非常糾纏的故事。我只希望有能勝任的印度學家被我引動了而參與這場討論。至於希臘，似乎沒有重新審閱古希臘材料的直接必要，因為在這個主題上已經有好一些非常出色的研究成果面世。反倒是，為了顯示出我們不能不顧那些由古希臘人引起或是面對的問題，並且為了引發希臘研究的專家來這個他們熟悉的研究領域之外的地方看看，我想我在本章之中，已經引述了足夠多的證據來闡明古希臘人怎麼看待野蠻人這件事的重要性。

關於歷史比較研究

　　人類的知識總的來說是比較之下的產物。透過比較的方法，我們習得如何分辨與建立諸多單獨事物的本質與性質。歷史研究也不例外。我們比較特定時間段上前後的現象變化，然後建立二者之間的因果關係，這就是通常所謂的歷史研究法。

　　由此觀之，歷史研究本質上就是比較研究的一種形式。曾有學者指出「適當的比較就是歷史判斷的基礎」。然而歷史學家們通常不將自己看作比較主義者，他們對比較的衍生意義也不太關心。他們或許會通盤性地檢驗他們的材料，那麼不論是不是有意識地，他們就已經實踐了某種程度的比較研究方法。因此，比較時常在一個自我封閉的文化環境中運行，而所有與之相關的參考與對照似乎也都來自同一個文化環境（暫且忽略每個文化中必然存在微小差異）。這樣的結果通常得到對歷史單向或單面的理解，不是在「如何如何」就是在「為何為何」二者之間給出對歷史事件的解答。這所欠缺的就是把歷史材料安置在比較的脈絡下，使我們能獲得不同的理解和解釋。換言之，在歷史研究中所謂的比較的概念不應只在某個歷史傳統中進行，也應用在一個跨文化脈絡之中。

　　廣被接受的是，歷史的比較研究就是去研究不同的歷史或文化傳統，然後比較這些歷史的內容，以希求比較的結果

可以讓我們對個別社會的本質和進化有所說明，或至少減少謎團。在細細審查不同個別社會裡的特徵時，使用比較法非常有效，因為當彼此被比較，它們會看起來相當不同。這也能提供給我們堅實的材料來建立社會理論和普遍化認識。如果我們接受了比較研究的必要性，符合邏輯的下一個問題就是：我們要比較什麼？我認為關鍵就在於去好好地分辨那些普遍存在於不僅止於一個社會的重要的議題。正如馬歇爾・霍奇森（Marshall Hodgson）指出：「比較的過程需要被嚴格檢驗，因而透過選擇可比之事物來比較和透過意識到其中的相關性脈絡，我們能夠知曉什麼是真正有意義的問題──即，什麼是而什麼不是一個問題。」

　　強調不同歷史之間的比較，源自於對那些傾向於只重視單一歷史學傳統的學者的憂慮。那些學者只在他們特定傳統的參照框架之中解釋任何事情，並且還以為如此一來對那個傳統的理解便已足夠。這樣的研究方法並非沒有價值，但需要強調的是，在很多時候，不同文化背景的人們面對相同的問題，會產生各種程度相似或相異的解決之道。

　　經由比較研究，對於從「其他」傳統中發現而來的另類研究途徑和解決方案的認識，足以在舊的問題上帶來新的看法。正如當代種族主義與民族主義傑出學者喬治・弗雷德里克森（George Marsh Fredrickson, 1934-2008）所言：「歷史比較不僅僅只是一種研究方法或是過程，它同時也是給只專注於單一國家歷史的鄉巴佬主義的解藥。」弗雷德里克

森進一步分辨「歷史主義者」（historicist）和「結構主義者」（structuralist）他們之間研究歷史所使用比較方法的不同。所謂的「歷史主義式」比較研究方法，說的是透過這種方法來獲得對於特定社會更好的理解，而不是建立或是測試出一種適用於研究所有社會的通用理論。「結構主義式」的比較研究方法，相對而言，更加貼近於歷史社會學家、人類學家、考古學家以及政治科學學家。這種研究方法能鑑別一些歷史情況中特定結構或是制度的變量因素，然後使用比較法來孤立出能造成相似性和相異性的這些變量。這兩種研究途徑造成的研究成果也完全不同：前者專注在理解個別社會的特殊性；後者則冀求得出不同社會如何運作的一般性理論。就其所成，皆有可觀處，雖然二者之間的分野並不總是完全清晰，這是因為對於一個文化傳統的深入理解非常有可能會影響一個更全面的一般性理論的建構。由此，一個理想的比較研究，正如弗雷德里克森所建議，或許應該是同時結合了文化對比性的材料以及結構性分析。

　　上述的歷史主義式和結構主義式研究途徑正是比較研究兩種理式上的極端。不過，當實際進行研究時，有兩種考察的實操模式值得推薦。一種比較常見的方式就是以比較視野來進行研究的模式。這種研究途徑以特定歷史傳統下的文化現象來作為研究的主要考量。對於這種文化現象的理解不只基於「本土」材料，也要蒐集來自其他社會或歷史傳統下對於那種文化現象的示範和實踐。在這種研究中，研究者將特

定的單一歷史或文化作為其主要的研究對象，但也必須對其他文化或是社會裡那種特定現象的表達有一定程度的理解，從而有更普世性或是理論性的知識。

因此，歷史主義式和結構主義式的研究途徑在這裡很清楚地都被運用上了。

另外一種比較研究的模式涉及對所有要比較的歷史或是文化傳統進行更通泛的調查。研究者需要對每一個研究對象的原始材料都具備均等的掌握能力，而且在進行比較之前，已經對於這些文化傳統的每一個所涉及的研究問題都有一定深度的研究。這不是單一個文化傳統標的對應所有其他被比較的文化傳統。與之相反，所有這些文化傳統在比較之中都彼此對應參照，彼此同時闡明彼此，由此或許就可以對這每一個文化傳統產生出新的理解。這種途徑與比較視野的模式不同，因為它所處理文化傳統中的問題或是議題，是由其他文化傳統所啟示的，而對於這些其他文化傳統的理解卻不必提升到一個新的層次。所以，這種整體性的比較研究模式比起比較視野的研究模式更讓人滿意。不過，在現階段的歷史研究學域中，對於後一種研究模式的需求仍然非常急切，因為不透過這種方式我們更不容易獲得對這些文化的新視野。毋庸置疑，涉入整體性的比較研究的難度非常之高，其明顯原因就是研究者必須同時具備對兩個或是更多領域有相同的熟悉度。這在如今的學域以及歷史學學科養成來說實在是一個難處。但倘若我們期待學術的繼續發展和進步，這並不能

成為藉口。

當我們回首百年前的人文學域，就能發現其實歷史和文化的比較研究不是什麼新的想法。阿諾德·湯恩比（Arnold Toynbee, 1889-1975）的巨著《歷史研究》（*A Study of History*）曾是比較研究史上最具企圖心的嘗試。他所使用的研究方式和研究結果牢牢地將他劃分到結構主義研究途徑的陣營，因為他為文明的成長與衰退建立出一個生物學模型，將所有文明視為有生命的有機體，所以也應當順從生物學法則。在1940年代，美國人類學家亞弗瑞德·克羅伯（Alfred Louis Kroeber, 1876-1960）出版《文化發展的組態》（*Configurations of Cultural Growth*），也企圖找出文化發展的條件設置或是結構。以比較法進行歷史研究的呼聲持續不斷，而在1959年學術期刊《社會與歷史的比較研究》（*Comparative Studies in Society and History*）問世，這樣的研究體系在學術圈裡終於有了立足之地。不可否認，這方面的大部分工作成果都致力於現代和當代的研究。

對於現代社會與歷史的比較研究的明顯需求是可以理解的，因為自從16世紀以來，現代世界的各個區塊透過越洋交通的發展而日漸緊密。跨區交流的興盛使得研究不同地域的比較研究變得不僅相較更容易進行，也更引人注目。霍奇森（Hodgson）的研究中所提出的比較法模型，舉例而言，就是基於某種形式的跨區域交流。另一方面，古代史家似乎對於沒有實際接觸的文化或是區域間的比較沒有什麼興致。

因為他們的研究對象看起來都處於遙遠的過去，彼此互不相及，就算進行比較研究似乎也只會是徒勞之功。除此之外還有對於比較研究是否穩當有效的深切懷疑，因為根據這樣的思路，每一個文化都如此的獨特，也只能用它自身的條件來理解自身。布魯斯・崔戈爾（Bruce Trigger）近來的比較研究就是打破這種思維模式最具野心、最振奮人心的計畫，他以古埃及為中心來估量其他文明，一口氣研究七個古代文明。崔戈爾的研究目的是「透過檢驗世界上不同地區那些完全或是幾乎獨立發展的重要文明之間許多方面的異同之處，勘察它們的建構過程以及如何運作，來更了解那些能約束人類行為的要素」。為了能嚴格地執行比較研究，也為了能獲得每個獨立文明中的生存方式的整體性理解，崔戈爾聲稱非常努力蒐集關於這些文明各個方面的訊息細節。儘管如此，他的研究方式似乎深植於比較視野的研究模式，因為他將古埃及作為視野的中心。不過他的研究目前還處於初期報告，整個研究的最終成果還未問世。比較研究的活力，渴望在未來能有更多的和聲和共振。

　　近期另一個古代文明比較研究，由古典學者（classicist）洛伊德（G. E. R. Lloyd）與漢學家席文（N. Sivin）聯手，觸及古希臘和古中國文化中常見的科學與醫學主題等一連串的研究議題，比較二者科學與醫學的起源與發展，勘察它們所處的社會與制度框架。洛伊德的學術經驗彌足珍貴：他呼籲我們不要隨意地做出簡化的判斷，也不要在不同文化的單獨

概念之間做直接的比較——即便它們說的是同一回事，同時也不要假設一個概念在另一個文化中必然有對等的存在。

如果要讓比較能有意義，就需要建立單獨存在概念以及文化現象的脈絡，而證據的本質——關於這類證據被保留下來的理由——也需要被仔細檢驗。洛伊德比較研究的手段，很明顯地，並不假設古希臘和古中國中間有任何的交流聯繫。這樣的比較研究完全是基於文化結構與概念上的觀點。一些依循這種方向的比較研究都耐人尋味地集中在哲學理念上的比較。

洛伊德的研究方法，比起湯恩比以及崔戈爾的，有個明顯而且重要的不同：那就是他並不比較整個文明而是專注在古代科學或科學思維方面的主題。這種方式意味著局部在沒有理清之前，整體也是模糊的。為了要理解一個偉大的傳統，研究者需要先清楚理解那個傳統裡的局部。如果關於特定議題或文化現象的比較沒有先被實踐，任何兩個文化之間的整體比較就會缺乏堅實基礎。

最新的古代文明比較研究使用了介於崔戈爾和洛伊德二者之間的框架，將研究重點放在秩序、治理合法性以及社會財富，最早是引發於約翰・班恩斯（John Baines）與諾曼・尤夫（Norman Yoffee）合著的一篇文章。雖然這項研究本質上是研究不同文明的各個學者的論文集——他們研究的交集就是各種文化脈絡下所表述的秩序、治理合法性、社會財富——在某種程度上已經揭露出各個社會結構中相互交流互

動的不同模式。雖然班恩斯和尤夫認為所謂的高等文化就是承繼人類文明中的富強繁盛的主要力量的這種觀點並不需要為所有學者所接受，他們提出的三種分析概念卻成為解讀社會論述動態的有效工具。班恩斯和尤夫如此說道：

> 我們並不是為了給相近的文化特徵做排序編號或為了建立「原始國家」（archaic state）這種抽象概念的核心規則，而去比較兩個文明。與之相反，透過可控的時代、地域和歷史接觸來進行比較，我們尋求的是辨認出變量的主要坐標，然後深化這個至關重要的人類學的原則：在小心地比較兩個社會之間制度性和結構性的差異之後，我們就可以開始探索之中一個、或同時兩個社會組織與變革的原則。
>
> 我們更大的意圖就是在比較常理定義下的原始國家或早期文明這方面做出貢獻，找出是否有廣為共享的組織性原則，看看有什麼是真正獨一無二的——如果真的有的話——並嘗試理解是否有一般社會性的、相互交流性的模型存在於大範圍的各種社會之內。

正當崔戈爾嘗試做不同文明的整體比較，班恩斯和尤夫則專注在一些能指向社會組織與文化互動這些方面更為通用的原則的關鍵概念上。本研究與崔戈爾的不同，但也與班恩斯和尤夫的不同。我要研究的並不是崔戈爾的那種整個文明整體性的觀察而分辨出那些底層的「能約束人類行為的要

素」，但也不是班恩斯和尤夫與其他學者做的那種研究——藉由分析不同社會階層——從精英到布衣——的互動來發掘出古代文明所共享的組織性大原則。我的研究焦點，其實和洛伊德比較接近，放在古代文明的特定層面，也就是他們對待異邦人和異文化時所展現的文化意識。我將試著發現、闡述，然後比較本研究所涉及的這三個古代文明對待異邦人和異文化的態度。

章節結構、涵蓋範圍與材料

既然已經選擇文化意識作為研究主題，也理解到文化意識的體現可以至少部分地發現於對待異邦人的態度之中，我們就應該仔細區分出這些體現裡所具體存在的特定主題。第二章裡我將就地理和語言兩方面討論文化身分認同的發展。讀者可以藉由這些背景知識以及由其引發的比較視野，在接下來的其他章節繼續延伸閱讀。這裡所謂的比較視野指的是：每個文明都是獨特的，然而在這個獨特性之中仍有一些共同的發展主題。文化身分認同的形成是諸多元素作用之下的結果，這些元素包括地理位置、語言歸屬、宗教信仰、社會經濟發展，以及生活風格。另一方面而言，在任何文明之內所謂以生物學的意識來界定種族這樣的事情並沒有並列在這些元素之中，因為在這些文明也沒有如此的傾向。隨著拓展這些共同的主題，我們能更好地理解研究之中每一個文明

的獨特性與創造力，以及它們共同作為人類經驗的一部分所帶來的共通性。

　　因為文化身分認同在很大程度上是透過如何表現自身和他人的形象而展現的，所以我們有必要仔細考察這些古代文明如何表現異邦人的形象。在第三章我將討論這些古代文明如何指稱自身與他者的詞彙，以及如何表現異邦人與異鄉的圖像與文字。一般而言，相較於他們自己的文化，這三個古代文明似乎總是將異邦人視為文化粗鄙或甚至是「野蠻」。然而，如果我們深入去看這些材料，就能看到遠遠不止如此，異邦人在各種不同的情況下不僅是敵人或是惡魔，也可以是朋友與友邦，而且有時候還是讚揚的對象。第四章歸納這三個文明與異邦人不同的關聯方式以及對待態度。這裡應該指出的是，隨著文中談論的歷史材料所涉及社會政治背景的不同，這三個文明對待異邦人的態度也隨之發生變化。尤其，讚揚異族文化的證據似乎說明了一種來自私人領域且更加平衡健全的姿態其實是存在的，這或許是因為這些人對於接觸異邦人的經驗更豐富所導致，而這種態度往往被那種好戰但廣為宣傳的官方態度所模糊。為了證實上述的假設，我們有必要查勘當一個異邦人深處在一個「異」文化之中，他是如何被對待的。因此，在第五章，我將討論異邦人的社會地位，以及舶來貨品和外來語言被接受的問題。在古埃及以及古美索不達米亞社會中，如歷史材料所示，異邦人的出現並不異常，不過其原因各有不同。我們能說的就是，由於日

常生活有很多活動都是必要的，當需要的時候人們就必定以更實際或更現實的友好態度對待異邦人或外國居民，即便歧視從未消失。而在古中國，或許和中國文化積極地想要同化異邦人這種特殊的情況有關，異邦人在古中國處境的歷史證據甚少被保留下來。關於這個問題更進一步的探討放在第六章，我將著重觀察文化同化的議題。當一個文化遇上另一個文化，文化同化其實往往都是雙向的。本章討論「野蠻人」如何被我們的這三個「高等」文化改造，但同時也討論古中國、古埃及和古美索不達米亞如何接受異邦的影響。

這就提供了一個能觸及整個研究核心議題的關鍵：對待異邦人的態度可以體現在同化和被同化的意願之上。由此觀之，透過比較和分析，三個古代文明展現出三種不同的圖景，讓我們能更細微且更深入地了解這三個古代文明的特性。

本研究的涵蓋範圍，簡而言之，包含了古代美索不達米亞的全部歷史階段（直到波斯時期，大約是西元前6世紀），法老時期的古埃及（直到托勒密時期的初期，約西元前4世紀）以及早期帝國時期的古中國（早期漢代，約西元前3世紀）。這些相近的時間線並不是本研究的主要考量。決定本研究時間段範圍的是每一個文明內在的發展過程。古埃及和古美索不達米亞的時間段設定基於這個考量：這兩個文明在政治上已經走到尾聲，而且文化上即將進入一個變異的新時期。中國在秦漢時期的大一統之後，政治和文化上都產生巨

大的變化，尤其重要的是這時還建立並強化了以中國為世界中心的世界觀。正因如此我將我的討論完結於早期帝國時期——雖然在特定部分，尤其是第六章，時間線隨著討論又往下拓展延續了一些。當然，任何研究的立場一旦被設定，可比性（comparability）的問題就一定會浮現。我的立場很簡單，就是在上述各自發展階段中的這三個文明大致上是可比的。至於這是否是個有效的想法，還需等待後面的章節來證明。

　　本研究的一個特別之處是使用了大量不同性質、且分配並不均勻的各種材料。在古埃及描繪異邦人的圖像材料非常豐富，但是在古美索不達米亞卻相當稀少，而在古代中國這類材料幾乎不存在。不同的文字材料隨著文類的差異也變化很大：古美索不達米亞有史詩、皇家年表、一些私人信件，還有非常大量商業性質的文書材料。在古埃及我們有個人傳記、官方紀錄以及文學作品。在古中國，除了屬於官方性質的甲骨文和青銅銘文，還有史書類作品以及哲學著作。這些彼此不同的材料所含帶對待異邦人態度的訊息，其所表達的價值以及呈現力度也不盡相同，但它們都應該被一視同仁地仔細對待。

　　審讀和詮釋這些語料和圖料是有講究的。正如本研究關注對待異邦人的態度問題，當援引文字或是圖像材料，主要分析評價的是這些材料所透露出的意圖，而非文字材料裡的內容是否展現出什麼歷史事實，也不是圖像材料是否再現了

某個歷史事件。

對我的研究而言，歷史事實是文獻所傳達或是考古紀錄所揭露的態度和意圖。因此在古美索不達米亞，當古提人（Gutians）被形容成人們的大敵，對我們而言值得思索的是古提人如何以及為何成為邪惡異邦人的原型，而不是他們到底對美索不達米亞人做了什麼。又或者，當我們檢視納美爾調色盤（Narmer palette），我們在意的並不是調色盤上描繪的場景是否反映了某個歷史事件——例如，埃及的統一——而是這個圖景表達背後的企圖以及他們對待異邦人與敵人時所展現的態度。而在古中國的例子裡，當我們讀到《左傳》的其中一個片段，陳述戎人是古代聖王的後嗣，我們並不關心這個陳述是否為真，而是想要去理解為什麼在那樣的時空背景之下這樣的論述能出現，並挖掘這樣的論述能告訴我們當時的中國人如何對待異族人和異文化。

我另一個關心的議題是材料與材料的作用。尤其，古人如何記錄定居和游牧民族之間的接觸，而它的本質又是什麼，這些都是好問題。我們如何能確定「邪惡的外敵」對記錄了交往內容的社群確實是一大威脅，而不是相反？我們不能排除這樣的可能性，即被入侵的社群所記錄下來異邦人的「入侵」最後被發現只不過是事實的一面之詞。早已有優秀的學者指出，在定居和游牧民族的互動交往中，定居民族常常聲稱自己成為民族接觸的受害者，即便他們事實上是戰爭的勝利者與侵略者。常見的事實是，掌握書寫的一方由於可

以就他們的心意和需求來敘述，造就了他們才是受害者的印象。類似的狀況還有許多其他的例子。藉由檢視研究材料的來源與其作用，以及這些歷史紀錄或明或暗的意圖，就變成非常重要但又很不容易做到的事情，因為往往我們只能看到一方的說辭。對研究者而言，選取出哪些有關異邦人的材料才能如實反映出對於他們的態度，而不只是已有偏見的如常而固化的再造，或是處心積慮要製造出的論述，實在是令人頭疼。

受限於可得材料的本質，我們不得不承認我們能使用的所有材料在範圍上非常有限：我們掌握了古代精英與統治階層的觀點。而關於與異邦人有著直接接觸的平民老百姓視野下能訴說的故事——如果真的存在這樣的故事——卻很難說出。我們應該記住在歷史的任何時間點上，我們的證據都只能當作凡事還有其他可能性的一種很有限的參考。

除此之外，我們還必須考量比較研究在方法論上的困難點。我們目前只能觸及描述出「相異或是相同之處」，這不是不重要，但卻依舊讓人很難滿意。如同我如上的設想和聲稱，透過比較研究我們應該可以對於研究對象有其他方法很難得出的新知識。事實上，除了對於新知識的這個願想，便沒有什麼足以讓我對於比較研究有所期待的了，因為一個人的知識和學術養成有著無可避免但又不可逾越的限制，正如班恩斯和尤夫所言：

〔極少〕埃及學家和亞述學家有辦法精通他們研究的文化的所有時期，更別說兼具兩個文明。更甚者，這些文明的學者之中只有非常少數願意成為比較研究者，而其他許多人卻將比較研究的法則視為對他們研究學域的概念自主性——亦即獨特的學科發展軌跡和學術史上的性質——的侵犯。

我之所以做這個研究是基於這樣的信念：如果不嘗試，我們永遠不知道全面的比較歷史研究到底是否有可能。另一方面而言，一個人在比較研究之中究竟可以成就多少新的了解，似乎還關乎個人的才情和洞察力，而不僅僅只是把事物拿來比較而已。顯然本研究不可能以一個令人滿意的方式處理所有上述的問題，但我希望接下來的各章節能說明比較研究不但可行，而且還能提供出關於這三個古代文明的一些新了解。

觀察他者・反照自我

故中國史之演進，不僅自兩漢而隋，唐，而宋，明，一脈相
沿，繩繩不絕；即環我族而處者，或與我相融合而同化，如
遼、金、蒙古、滿洲、西藏、新疆諸族；亦有接受我文化，
與我終古相依，如梁甫之與泰山然。則朝鮮、日本、安南之
類是也。

——錢穆（1895-1990）

　　本研究開始於一個簡單的問題：關於古美索不達米亞、
古埃及和古中國對待異邦人的態度，我們能知道什麼？促成
這個問題的緣由在前言裡已經說明，就是一種希望能更好地
了解不同的社會族群如何認知對方，而且更好地了解這些古
代文明特徵的想法。這個想法隨著研究的開展而逐漸清晰，
不過回應這個問題的答案則不會是一個簡單的答案。

　　首先，永遠存在的一個問題就是我們是否有可能或是如
何再現距離我們如此遙遠古人們的「處世態度」。我們是否

可以或應該相信這些古人留下關於異邦人的任何訊息，而又應該相信到什麼程度？他們的真實態度為何，其中有哪些只不過是外交辭令呢？而這些外交辭令裡面難道就沒反映出一些他們真實的態度嗎？難道外交辭令就不是一種獨特的態度嗎？是否我們要確認的處世態度是經久不變的，還是受到歷史的作用力擠壓而不斷變化的呢？就算在同一個歷史時期，任一個文化中是否都有個對待異邦人同一態度的指標？我不畏懼這些明顯的障礙，將可得的材料放置在洽當的歷史和文化脈絡下，同時保持更樂觀的態度，認為我們至少能在一些角度下辨識出製造這些歷史證據的人到底保有哪些對外態度。

完整地再現歷史在實際操作上是不可能達成的理想，從證據重新建構而來的論述至少能告訴我們哪些的再現是可能的。

為了回答這個問題，我認為我們的調查就必須涉及到文化身分認同如何形成，因為如何對待他者不可避免地反映出該文化中自身的形象問題。要掌握這些態度問題，就必須討論每個文明現存文字與考古材料中文化脈絡下對於異邦人的再現。正如想法與行為的比較不能脫離於實存的環境，而人們總是在自己的實存狀態的脈絡下感知異邦人，地理與語言環境的背景是我們首先需要面對處理的。接下來，人們在什麼處境下感知異邦人也同樣很重要——誰人在何時看到哪種異邦人？不同的社會政治脈絡下的考量所留下的研究材料，

能給出的答案也很不一樣。當然,「脈絡」也不是一個固定的設定——當從不同的位置上觀察,這個脈絡也會隨之發生變化。因此我試圖在追蹤多樣的脈絡表徵下勘察對待異邦人的態度問題,好比第三章和第六章裡面所展示的那樣。

因為用了比較的方式觀看研究的問題,我不僅僅只是嘗試了解單獨個別文明如何看待異邦人和異文化的態度,也希望能以特定角度更加通泛地敲開了解人類社會的大門。以下的諸多結論裡,我當首先綜述本研究的主要論點,然後討論那些前面章節裡尚未充分討論的核心概念。

捉摸不定的他者

這些古代人們,不論是古中國人、古埃及人還是古美索不達米亞人,一般而言都是排外的嗎?藉由之前的討論,這樣的問題不再只能述而不論了。例如,在烏爾三期(Ur III period),亞摩利人(Amorites)如同其他本地人一樣,政府也對他們分發食糧配給。在古巴比倫記載日常活動的文獻中,也沒有跡象顯示亞摩利人被當作未開化異邦般的敵對族群來對待。對於古提人和亞摩利人的貶義評價——說他們是畜性——或許應該被理解為一種混合觀點的產物,結合了曾經發生於衝突的歷史殘留,以及戲劇化強調美索不達米亞人(事實上包含了一些閃族或甚至亞摩利人本身)和入侵者之間對立的特定當代政治動機。

　　雖然一些亞摩利人早就成為美索不達米亞定居社會的一員，文獻中的「典型」亞摩利人，尤其是公開或官方的文獻，他們仍是游牧民族──既沒有城市也不住在屋子裡，不舉行葬禮等等。這說明，儘管民族之間的互動是相對而言地平和，對於特別是古提人和亞摩利人這類特定民族的固化觀感，認為他們永遠都是敵人，在美索不達米亞作者的筆下仍保有非常依循守舊的文學印記。換言之，雖然美索不達米亞是多民族組成的社會，相對於「異邦人」或「敵人／他們」的他者，依然有個所謂「美索不達米亞／我們」是一個整體的觀念。這個敵人，或真或假，對美索不達米亞人而言都是必須的，因為有了敵人才能建立起自己的文化身分認同。至關重要的是，當美索不達米亞人要標識出異邦人的時候，他們主要關注異邦人奇異的文化特徵。

　　雖然地理上而言相較孤立，古埃及從來未曾與外面的世界隔離。在整個古埃及的歷史上都可以發現異邦人存在於埃及境內。古埃及人允許異邦人住在國內，而且據我們所知，很少有社會上的、經濟上的或是政治上的限制。這些異邦人進來埃及做工人、貿易商、奴隸或是雇傭兵──他們其中的一些甚至位居王后和國王。到了新王國時期，異邦人已經成為整個人口結構裡不可忽視的存在。我們必須明白，在新王國時期的古埃及已經非常的國際化，在政治上、貿易上和文化上和異邦人打交道的歷史都非常悠久。除此之外，當古埃及文獻提及異邦民族或埃及之外的國家，他們還是習慣使用

固化而且敵意的表述方式來指稱異邦人。若要細究這種仇視的表述方式，則需要考慮古埃及表達對外關係的兩種官方考量，一種是政治的，而另一種是神學的。政治考量下，聲稱一個異端而有惡意的外部敵方有助於強化內部的團結，即便異邦敵對勢力的威脅很大程度上只是出於幻想或不太嚴肅的說法。神學考量下，異邦人毫無例外必然是邪惡勢力，就如人格化之後的塞特神（Seth）是埃及永遠的敵人，對於埃及的王權秩序具有威脅的混亂力量。

有個對抗塞特的詛咒如此說道：

退下！你這個邪惡的叛亂分子
你向前的步伐已經被雷（Re）所阻擋！〔……〕
你再也靠近不了埃及。
你將死於流浪在異邦，
你將上不了荷魯斯（Horus）的河岸，
整個王國都歸屬於他！

於是當異邦人被描述成「可憎的異邦人」，或是在紀念性建築物牆面上描繪成被擊敗、被捆綁，或是被法老踐踏於腳下，他們只是古埃及宇宙觀裡慣常的一部分而已。使用貶義詞語來指稱異邦人的這種政治兼神學的固定說法相當常見。除了固化表現方式，我們還需注意事實上古埃及人主要是依據文化而不是種族或是生理條件來區分異邦人。而且，

在一些私領域的文獻也顯示，對待異邦人或是異文化的態度有著相當不同的變化。這種變化與一些個人面對社會政治處境的變動而產生自我意識的成長有關。正如第四章所提及，除了非常罕見的一些同情異邦的例外，絕大部分舊王國和中王國時期的文獻對於異邦人都展現出政治上和神學上的雙重敵視。而當中央不再集權強大之時，人們對於異文化的觀感則變得更切實、客觀或是有好感。這裡我們指的是《溫阿蒙歷險記》（*Report of Wenamon*）。溫阿蒙（約為第十二王朝末期）所處的埃及並不是一個強盛而且政治權力統一的時代。在社會政治危機的時代裡，一個人對自身文化的驕傲和對異邦事物的偏見都被削弱不少，而對異文化的興趣則會增加。這是否可以被當作當時的一種主流態度，還是僅限於個人的觀感，很難輕易地下判斷。當趙武靈王意識到他麾下軍力的頹敗，他決定採用蠻族衣著和騎兵制度（胡服騎射），這雖然是一種政治和軍事的政策，但其中不是沒有文化考量。無論如何，溫阿蒙給國王的報告顯示出他的姿態是來自於文化上更為精緻的精英階層。

但是，朝廷對待異邦人的官方態度則還是一如既往地好戰。事實上，即便是希臘羅馬時期的法老，或是他們在埃及的代理者，也發現根本沒有必要終止這種傳統的敵視或是居高臨下的姿態。由此觀之，排外無時不在而同情異邦人的態度出現於國家衰敗的時代，只有這種時候因為國家不再強權統治，強硬的固執心態才會有所軟化。

　　和希臘羅馬征服者合作的古埃及祭司／知識分子階級很有可能會同意古中國的這個概念「夷狄入中國，則中國之」。舉個例子，烏加霍瑞塞恩（Udjahorresene）將古埃及式的宗教膜拜儀式引介給當時的波斯統治者，就可以視為一種將波斯王「埃及化」的努力。雖然，古埃及從來沒有一整套的辦法或是清楚的意識來同化異邦人。也因此，當異邦人在托勒密時期的埃及變成主導性的存在，希臘化（Hellenization）也就無可避免。古埃及文化的衰退不僅僅只是時代和政治的力量所導致，某種程度上是因為古埃及人在同化入侵他們的古希臘文化時失敗了，這種失敗在希克索斯（Hyksos）時期也發生過，最終在一個政治上不能獨立自保的世界裡以融合原有和外來文化的方式來繼續保有古埃及的傳統。

　　由於證據充足，春秋時期的古中國對待異邦人的態度特別強調「中國」文化價值──由周天子朝廷所代表的政治社會倫常，也即是對立於未開化野蠻的後世所謂的「孔儒學說」。雖然直到今天我們也還是不能確定這些「野蠻人」究竟說的是誰。根據《左傳》記載，這些蠻族離散於中央大平原各地，彼此緊密聯繫。有學者推測，周人的先祖是西邊蠻族的後裔而不是夏朝傳下來的「中國人」。另一方面，也有學者認為這些蠻族事實上是「中國文化發展的土地之上揮之不去的後衛分隊。他們和中國人或許沒有民族上的差異。也或許，更有可能的是，他們是更早之前掌控中國北方的群體

中落後未發展的幾支」。不管如何，周人在中原建立起主導性勢力之前，這些蠻族或許曾經和戎狄都有過緊密接觸。

尚書提到當周武王攻商，為數不少的蠻族前來助陣。這樣的文獻紀錄顯然有可能是為了展現武王德行無雙，竟使蠻族能為之所用的一種歌頌辭藻。這個故事的核心展現出不畏懼與蠻族發生關聯的意識形態。

從周朝這樣的農業社會而非游牧社會開始，周人與其他族群所共享的自我身分認同逐漸融入中國文化圈裡。中國人和異邦人的分野因此很大程度上是基於文化上的差異：農業的本質定義了人們的生活方式，周的朝儀和社會倫常遠播於附庸國的統治階層，成為後世所謂的「儒家」意識形態。中國與蠻族在這種文化的差異到了春秋時期變得更加複雜，最後在儒家典籍中被「經典化」了，就好比我們在第三章裡論及的《禮記》文段，記錄了蠻族的人們既「不以火熟食」也「不食穀粟」：

> 中國夷蠻戎狄皆有安居和味宜服利用備器，其事雖異各自足。五方之民言語不通，嗜欲不同。

相似的表述也能在《周禮》中找到，其中就提及政府的官員要負責蠻幫的外交事務；《逸周書》中也提及有一個多層而同心的世界體系，以中國為中心而屬國和蠻幫在外圍。這個世界體系雖然在真實世界中從來沒有存在過，純粹是理

式上的建構，卻成為往後統治者和精英階層看待中國和異邦文化與族群之間關係的基本政治修辭。於是我們不難理解如此認知外在世界的特殊方式在中國悠遠的歷史上能造成多少無可救藥的誤解和偏見。

官方意識形態與個人情緒感受

　　儘管我們討論的古代文明都帶有以自我為中心的特徵，我們依舊可以在對待異邦人和異文化的態度上分出之中的兩個層次——其一是官方，其二是個人。官方的對外態度傾向於貶損異邦人，這是一種人類社會的常見觀點：出於政治合宜性，政治精英為了提振他們追隨者的士氣、聲稱他們對於統治的合法性，就會經常地貶低其他族群。這裡的邏輯是，誰聲稱自己有能力能壓制異邦威脅，誰就可以被委以重任賦予權力。但那些非官方的姿態，也就是個人的表達，即使是缺乏完整記載，仍能反映出文化中更多的側面。在這些地方我們能發現支持或同情異邦人的思想和聲音，更加包容、更多欣賞以及更少的自我中心。這些態度的零星閃光可見於《辛努海的故事》（*Story of Sinuhe*）、《溫阿蒙歷險記》，或是《左傳》裡戎王駒支的講話。然而，主流的總是官方姿態，這種姿態雖然本質上是挑釁而破壞性的，卻似乎能掌控住從古至今絕大多數社會的各種活動。而那些比較持平但是私人的態度，正因為它的私屬性所以沒法成為共建的力量，

也因此似乎沒有機會在歷史上發揮出足夠的影響。儘管有點過於簡化，這兩種層次的態度不僅可以被視為「族群心理」的構成部分，還能當作人類天性中模稜兩可心態的象徵性表徵。或許只有承認人性的複雜，這些古代文明所呈現出對於異邦人的態度的集體現象才可能變得更容易理解——雖然少數個人展現出人性的平等，但整體而言人類社會不總是為自己最大的利益行事。

比較的凝視

本研究為進行比較研究的實驗而設。我們逐漸認知到，整個研究中最重要的問題其實是個看似簡單的問題：透過比較，我們可以學習到什麼東西，是如果不透過比較就學習不到的？這裡特別值指出，只僅僅提出一個議題，不代表這些古代文明裡確實有些東西可以拿來比較，或是值得做成比較研究。

就好比，我們不應該假設「異邦人」的概念是單一的，而且在所有的文明裡面都能同時找到對應，或是有特定一種研究材料能公平地反映出古人「態度」裡的意涵和文化意味。對上述概念的理解事實上正是比較研究諸多有效結果中的一個，因為這種層次的認知普遍來說不會進到我們的討論之中。

要說清楚究竟是什麼構成了異邦人的這個問題，從本研

究所探討的三個古代來看，異邦人是主要基於文化而非種族背景來決定。這對於了解人類社會早期階段的民族衝突很有幫助。「民族」的差異，那種以生物學—生理學特徵為基礎所出現的歧視，應當是族群衝突論述發展到後期才出現的。至少在早期社會裡這種類型的歧視還沒有內化。至於這種特性在往後每個社會裡如何發展而後成為族群衝突中的主要內容，還有待進一步的研究。我們還不必對於民族自覺是好是壞下任何價值判斷。文化自覺可以說也是深埋於族群衝突之中。事實上，這三個古代文明都有文化優越感。我們很難否認，文化優越感在「文明」之中很常見，也常常將之引領到戰爭和衝突的道路上。這其實就是自我膨脹的產物，是對於維持團結很必要的一種族群心理。這個道理看似主要只存在於古代世界裡的「偉大文明」，但其實這很有可能是因為有效材料的限制所導致的幻覺。「贏家」（亦即這些偉大文明）贏走所有的「成就」的光榮，就如同它們指責那些成就對「蠻族」所造成的傷害一樣。不論如何，文化優越感是心理的產物，而不是現實的產物，且在每一個文化族群中都有它的影子，不論那個族群是否開化文明。正如諾伯特‧艾里亞斯（Nobert Elias）指出，偏見和族群意識（也就是我群和他群的建構）還有對他者的貶低態度，能存在於兩個文化、社會和民族背景一模一樣的族群之間，更別說文化背景毫不相同的民族之間了。

　　可以說，本比較研究確實也顯示出一些相異性。其中最

令人驚訝的就是他們在將異邦人同化進自己文化裡這方面的興趣有很大的差異。

如果我們重新審視這些研究案例就能明白，文化優越性並不一定增進對於同化異邦人的希求或興趣。「美索不達米亞人」本身就是多種種族混合的集合名詞，雖然現實中由於實際的需求異邦人很常融合進美索不達米亞的社會裡，但美索不達米亞人對同化「異邦人」並沒有明顯的興趣。阿卡德語在很長一段時間都是古代近東地區的通用語言，而美索不達米亞文化的優越性一直到了波斯的崛起才受到挑戰，後者不但沒有被同化反而將美索不達米亞整個併吞了。不同於美索不達米亞人，中國的儒家將漢化所有蠻人當作國家政治—文化生命歷程中重要的一大目標。有了這般的態度，古中國人自然對於「蠻人」的生活方式給不出什麼高評價。古埃及人在這方面也一樣，對異邦人毫無敬意。然而，這卻沒有讓古埃及人和古中國人一樣，得出最好把異邦人都埃及化的結論。其中一個可能的解釋或許可以在古埃及神學中找出頭緒，他們認為世界由瑪阿特（Maat）所統領，她驅趕邪惡又建立秩序。這個秩序在宇宙中只有一種，那就是埃及的秩序。因此，根本沒有必要將同樣身處這個世界秩序的異邦人進行埃及化，不論他們是友鄰還是敵邦。同化異邦人態度的差異或許導致這些文明後期的發展道路的不同。

在探析同化異邦人的態度差異的過程中，我們應該注意到一個特殊的心理因素——除了直白如中國對自己的文化非

常自信，所以認為蠻族理所當然應該被漢化這種事無可爭議，別無他法——那就是，在心理的深處是否也有一層不安全感或是缺乏自信心。例如，一方面孔夫子可以很自信地說：「子欲居九夷。」或曰：「陋，如之何！」子曰：「君子居之，何陋之有？」（子罕）另一方面，孔夫子又說：「微管仲，吾披髮左衽矣！」（憲問）又顯示出一絲不安全感。另外，君子不論所居何處便是文明之地，如此便無懼於蠻族的入侵。或許就是因為缺乏自信或是恐懼他者，所以古中國人特別強調中國文化的優越性，而這種心態也強化了將他者同化入中國的需求。

這些關於古中國的觀察是否為真，可透過和古埃及研究個案的交叉比對而得知。為何古埃及人沒感到有埃及化異邦人的需要，或許是因為他們具有安全感，尤其古埃及的宗教為他們提供了一個充滿真理和正義的世界秩序。在這個世界秩序裡古埃及人已經是最大贏家，所以根本沒有必要同化異邦人。

當我們看看美索不達米亞的研究個案，事情變得更耐人尋味。就目前我們之所能見，美索不達米亞人似乎對積極同化異邦人一點興趣也沒有。不過這跟他們對於自己的文化有沒有自信心沒有什麼關係。這很有可能是因為地處開放空間導致美索不達米亞人從很早就開始習慣有不同的異邦族群入侵這裡。再加上從一開始美索不達米亞社會的民族組成就很複雜，也使美索不達米亞成為一個輕易跨過單一民族心態的

社會。換句話說，在美索不達米亞的例子上文化同化完全不是個問題，即便先前特別提過，這並不代表異邦人在這裡就可以免於社會與政治上的歧視。

偉大文明的缺陷

比較研究的工作還有另一層次的意義。自從19世紀，「偉大的古代文明」吸引住作家和讀者的目光。古埃及、古美索不達米亞和古中國：這些就是人類文明在古代的巔峰。然而卻很少有人問，究竟是什麼使這些文明確保了它們能待在這麼光輝的歷史舞台上？因為它們並不在同一個時代，它們的共性一定就在神奇字眼「文明」上。如同本研究已經展示，這些古代文明都自視比它們的鄰邦優越。根據它們自己使用的詞語，它們都是它們時代裡最文明開化的人。這個假設在邏輯上暗示了其他民族是「未開化」的。這不僅僅只是這些古代文明裡的特權階級所特有的觀點，至少大部分時間上對現代的歷史圍觀者而言也是持有這樣的觀點，不論他們是19到21世紀的作者還是讀者。有人或許會說這樣的看法一點也不現代，因為古希臘人很早就表達出他們對古埃及文明大為心醉，而這點在本研究一開始就已經指出。

不少近期的研究都闡明了這種矛盾的歷史進程：一方面，古希臘人在其他文化傳統中——例如古埃及——找尋自身文化的軌跡；而另一方面又將非希臘的世界貶低為野蠻世

界的一部分，並藉此顯露出自身文化既身處核心又很重要的這種態度。

　　對於這些古代偉大文明的讚揚不應該淪落為單純的情感。其中，有一種帶歸屬感的讚揚暗指了想要成為被讚揚對象的渴望，也就是去確認自己也具備這些了不起或是偉大的特質。就像學者以及古文物研究者賣力要達成的那樣——使人們能了解並重返這些古代人們的榮光這件事可以給人一種高度的成就感，如同她／他已經讓過去重新復活一樣。在她／他的腦後或許有一個玄秘的聲音：透過重構這些偉大而遺失的文明，我們自己也變得偉岸了起來。換句話說，任何有能力理解或懂得欣賞這些古人偉大之處的人，便能分享這些古人的榮光和權力。歷史或是古代史在不短的時間裡一直扮演這樣的功能：提供令人仰慕的記憶和「文明的證據」給大眾。現代人接受和傳播這些古代文明的偉大，與現代民族主義和殖民化的拓張有承繼關係，因為只要現代國家與這些古代文明之間建立了血統的連接，這個連接就有助於提供合法的憑證來認證這些新形式的霸權秩序。這就是為何現代國家政體需要盡一切可能地趨近並控制歷史書寫。這是因為歷史「建構」——或是我們更常聽到的是，「編織」——出一個民族存在的意義。這個存在的意義必須是對國家利益有益，也同時需要對它的持續生存有益。

　　不過，什麼才是這些偉大古代文明的共性呢？語言？文字？宗教？哲學？藝術？在這些文明的上述任一領域研究的

專家都可以詳述這些文明各自的獨有特點，然後告訴你他們彼此無法相比。有人以為歷史是關於特性而不是共性的學科，但這個觀點飽受爭論。如果我們接受這個觀點，那麼「偉大」一詞再也不適用，因為文明之間如果只有差異，那麼任何道德主義式的評價，如「偉大」或「渺小」，就變得一點意義也沒有。但如果我們將人類歷史視為一個集體現象，從另一方面來說，那麼文明的特質就必然被當作某種核心主題的變奏──這個主題就是，人們隨著時代流逝而生存了下來。

探勘這種核心主題的方式之一，就是發掘出這些古代文明的共性，也就是檢驗它們的存在狀態，尤其是當他們不得不邂逅那些「未開化」民族的時候的存在狀態。這又將我們帶回到面對異邦人態度的研究主題上。

如果這些古代文明如它們所聲稱的文明開化，這只有可能因為那些異邦人的存在在他們看來是更不文明開化的。已開化的，換句話說，不可能不藉由觀察比較他者而變得開化；異邦人也不可能不藉由被觀看比較而變得不開化。問題由此變成，到底是誰有這樣的權力來定奪誰才是文明的，誰又是不開化的？文明開化又意味著什麼？就目前已有的證據來說，通常就是那些留下足夠數量文獻和紀念性物件來聲稱或暗示自己已經開化的人掌握了這種權力。不過，毫無疑問除了編造之外，這是關於文明最好的故事了，儘管它們都是一面之詞。開化的過程，更甚者，也就是霸權拓張的過程。

當一個文明征服了另一個文明，要恰當地說明是否誰比誰「更優秀」、誰比誰「更開化文明」相當不容易。更合適的說法是「贏家」在消滅或吞噬「輸家」時展現出更強大的決心和軍事或是其他方面更有效的戰術。在這樣的舞台上，異邦人、敵人和蠻族是必要角色。換句話說，文明應該被視作一個霸權組織所假定的一整套為了社群的永續生存而將矛頭指向異邦人的詭譎策略，而不是一種倫理或美學上正義的存在狀態。社群的生存似乎對自己而言是個正義的目標，但生存的需求往往與自身重要性的顧影自憐和對他者的傷害之間很難分得清楚。

　　本研究探索三個古代文明如何對待異邦人，讓我們能看出文明的本質，因為這些文明的對外態度違反了一些我們並不熟悉的共性。而且它們所展現出來的差異讓人更感興趣，因為它們顯示出人類文化發展多樣性的範圍。這些發現的意義還可以繼續延伸。亦即，我們可以思考這些古代文明的現代對應關係——現代人如何基於種族歧視來對待異邦人。這就不能不提到對待異邦人的現代種族主義態度——把已建構且虛構的種族差異作為區分民族的主要因素——這和本研究裡所討論的古代文明對外態度相比，簡直有天壤之別。

　　特別是中國，對於民族性以及種族意識的現代建構，連同它對生理特徵的不斷強調（黃、白、黑等膚色差異），遠遠超過對語言、宗教和風俗等文化因素的考量。可以說，當19世紀末和20世紀初的現代中國知識分子面對列強環伺，

他們得出一個簡單而明確的結論，就是在「種族」（也就是生理特徵）的基礎考量上對國家認同可能是圖存救亡最有效的手段。他們對這樣的手段感到強烈的需求，進而促成了上述強調的意識建構和生理特徵。然而，中外關係史告訴我們這種事一直都是文化方面的問題。就算身分認同有連續性，身分認同依舊是文化上的身分認同，而不是種族上的。

直到20世紀初或是不久之前的中國的傳統學者，長期持有這樣的觀念，認為中國文化的特殊性格就是它有能不斷同化他人的獨特力量。這種同化的力量對這種觀念來說既是中國文化優越性的原因，也是結果。這是因為長久以來一直有異邦人進入中國然後被漢化，這種力量有助於中國文化的成長與發展。這個觀點在如今大學生仍會讀的《國史大綱》中得到體現，該書由20世紀傑出學者錢穆所著：

> 故中國史之演進，不僅自兩漢而隋，唐，而宋，明，一脈相沿，繩繩不絕；即環我族而處者，或與我相融合而同化，如遼、金、蒙古、滿洲、西藏、新疆諸族；亦有接受我文化，與我終古相依，如梁甫之與泰山然。則朝鮮、日本、安南之類是也。

錢穆的論述可以完美地安置在20世紀早期中國文化民族主義的脈絡裡，而這文化民族主義在當時與種族民族主義是攜手並進的。藉由建構一份牢不可破的文化遺產，中國民族

就可以在現代世界宣傳自己的合法位置。先不管如何才能獲取這份牢不可破文化遺產的真相，因為錢穆的觀點並沒有考慮到，而作為文化互動的結果，同化通常是雙向發生的。且不論「中國」含義的多義性，數千年來中國文化已經吸收了許多異文化的因素，這意味著從來就沒有一個紋風不動一成不變的中國文化。

堅持一個獨特而又一成不變中國文化的存在，但又依靠持續地吸收其他文化來達成它的獨特性，但也因此總是在變化——這個邏輯看起來就是個自我矛盾的概念。無論如何，錢穆觀點所顯露的是前帝國時期幾近化石的心智狀態——把中國文化當作文明世界中心。錢穆和《左傳》之間對待異邦人的態度如此相近，而在這二者之間還有無數的知識分子也都保有相同的態度，這件事很明顯需要一個充分的解釋。前面提到，當我們嘗試理解民族主義者想要維持對中國過往的「熱切情感和敬意」以及想要擁抱一個優於鄰邦的文化身分認同，我們不能不開始對這種現象的意涵感到好奇然後提問：幾千年來至今，中國對待異邦人和異邦文化的態度以什麼方式影響了中國文化的發展？什麼被同化了，而什麼沒有，為什麼，而這又導致了什麼？這些議題中不少部分，包括六朝時期接受佛教傳入，唐朝時期吸收了胡人的飲食、音樂和工藝技術，隨後的基督教傳教士以及中國受異族統治這樣盤根錯節的複雜問題，都已經有了更好的研究與了解，但除此之外的絕大多數還有待探索。

　　中國南方的越南接受中國文化的同化，是一個非常有趣但很諷刺的例子。作為中國文化的接收者，越南至少從11世紀就開始逐漸熟悉中國式的政府管理方式，而到了15世紀的時候，受了中國儒學高等教育的越南精英開始建構屬於他們自己的民族中心觀點。其結果就是越南開始使用「中國」一詞來自稱，而中國的明朝則被貶低為「強盜土匪」或甚至是「夷狄」。在越南的漢化過程如此成功，但中國式的蠻族同化卻導致了意想不到的反作用力。如今蠻族被同化、漢化，但「真」中國人卻反為野蠻人。整個二分法的系統裡我們／文明開化／中心和他們／野蠻粗鄙／外圍就是相對概念，可以被任何社會族群應用於他們之所需，再也沒有比這個更有力的例子了。

　　總而言之，我們在本研究所做的，是去檢視古代文獻裡關於對待異邦人態度的問題。有些文獻告訴我們古人時常認為外頭有些人非我族類，其心必異。另外一些文獻則顯示出古人對待異邦人或是外國人的態度不總是惡意敵對的。所以我們在面對異邦人的態度上不會擺出一個「統一」的簡化圖譜。對於古人的對外態度是否基於任何歷史現實這個問題，我們也不應該給出個簡單的答案。族群之間的衝突是人類狀況的一部分，但衝突是敵視他者的原因還是結果就不好說了。因為族群衝突自史前就有，我們不太可能去處理這樣的問題。有人認為，早在生存資源成為一個問題之前，原始社會傾向於離散生存以降低衝突。衝突不論對複雜社會還是農

業社會都會因為資源競爭而發生。小型而鄰近的族群發生衝突會隨著時間而得到解決，而當大型的「文化圈／國家」形成，資源競爭進入新的階段而且演變成為國家間文化價值體系的競爭──也就是說，基於文化差異而建構出的我族對上他族──雖然這不必要排除掉最初爭奪物質資源的目的。這就牽涉到這些衝突是真實發生還是想像捏造，又或是二者的混合。就我所見，從現存已知的人類歷史開始，這種第二階段的競爭就已經存在。這解釋了為什麼我們的證據告訴我們古代美索不達米亞、埃及和中國對待異邦人和異邦的態度基本上都是文化性質的價值判斷。第三階段的競爭──也就是種族衝突──將生物決定論注入文化價值體系，是文化衝突之外的致命轉折。這已經是全新的現象，也早就是現代人文學科和社會科學學者常常探討的主題了，而這也不在本研究的探討範圍之中──因為本研究探討的是現代世界裡人類族群衝突的序幕。

日常篇及跨越篇

安提阿（Antioch University）大學教授
艾斐然（Philomena Essed）

加州大學人文科學研究所所長
高德維（David Theo Goldberg）

導言

　　種族主義是一種權力的展現。但不只是任何一種與權力有關的東西。人們普遍認為它起源於歐洲，並且自15世紀中葉以來伴隨著歐洲作為一個整體的地緣政治的型態而一同出現。它最初的目的是要排除那些被認為不屬於歐洲的群體——尤其是猶太人、黑人、穆斯林等——然後剝削和控制那些被歐洲強權殖民的群體，其中也包括了亞洲人。

　　當然，不寬容和歧視成見遠早於此。它採取了特別的民族形式和表達方式，最明顯的表達是宗教性的，但也包括國家性和文化性。民族和種族歧視都以文化和行為差異為坐標。但是，種族主義總是將這些參考點（不論明確地或隱含地）與生理特徵聯繫起來，從體質差異，諸如膚色、「血統」、鼻子和眼睛的形狀、髮質，甚至到推理能力。在種族主義發展過程中，文化特徵本身被視為似乎是內在地依附於某些特定人群的身體之上。民族和種族之間的界線並不總是清楚可辨，在特定情況下還很容易變得模糊。政府或公民之中歧視那些被認為不屬於同一群體的人們的那些傾向——所

謂同一群體可以是主流文化、民族國家，或個人所認同的族裔——通常代表他們也很容易歧視被認為是隸屬於和自己不同的種族群體的人。如果作為漢族成員我不能容忍廣東人或穆斯林人民，那麼在某些特殊情況下我也很有可能會傾向於歧視黑人或印度人。艾米塔・葛旭（Amitav Ghosh）（譯註：艾米塔・葛旭是印度作家，也是第54屆傑南皮特獎的得主，該獎以其英語小說作品而聞名）的小說《朱鷺號三部曲》（*The Ibis Trilogy*）講述鴉片貿易和鴉片戰爭的歷史，就描述了這些思想上的缺失。

　　日常種族主義（everyday racism）是常態的日常經驗中所表現出和經歷過的種族主義。日常種族主義的表達並不極端，而是發生於日復一日的重複之中。當然，在一個國家或歷史背景下的「極端」事件，在另一個國家則可能是「日常」表現。我們人生的大部分都發生在日常生活中，包括鄰里和商店、房屋市場和學校、工作場所、社交和正式媒體、公家事務、醫療機構等等。這意味著種族主義的大多數表現發生在社會和人際關係中日常重複的過程之間。種族主義不能簡化成對個人特徵的判讀。隨便鄙視隸屬於其他族群的人的種族特徵，由於別人的種族或民族和自己不一樣就認定他們比較無能，由此低估或是否認那些人作為學生或是應聘者時的成就和才能，也因為別人打扮得不「合宜」而顯得不一樣，就拒絕服務對方（即便主流大眾也相同穿著而且也被服侍得好好的），以此類推。用來指稱差異的語言與歷史背景

和脈絡有關。與大多數歐洲、非洲和亞洲國家或地區相比，「種族」一詞在美國使用得更多。然而，膚色和相關的生理特徵卻構成整個亞洲膚色歧視悠長歷史的基礎。

在中國即使一個黑人學童從小就在中國出生長大，她也可能因為黑皮膚的緣故而被認定不會說普通話。在美國，無論是在大街、在操場還是在聚會等等場合上，華人或是被認為來自中國的人總會因為「鳳眼」被嘲笑。唐納·川普（Donald Trump）將COVID-19命名為「中國病毒」是一種政治手段，將釋放病毒和迅速傳播導致全球大流行的罪名歸咎於中國。種族主義經驗的積累使那些日日遭受此罪的人感到心力交瘁，從而造成他們每天都必須承受這樣的無情重擔。種族標誌是一種功能，用來指責或故意曲解某一群體中的每一個人、即使只有其中極少數甚或沒有人曾犯過某種錯事。第二次世界大戰後，聯合國宣布種族主義是對全球性人權的侵犯行為。而種族主義本身以否認種族主義的形式出現。當面對他們的偏執時，他們的第一反應可能是說它們被誤解了，他們或者無意貶低，或者（更糟糕的情況）是他們覺得自己只是有話直說。簡而言之，他們將否認任何不當行為，這意味著責任應歸咎於他們所攻擊的對象，也就是那些被投向他們的侮辱所傷害的人們。這種事基本上天天都會發生。

針對單一群體的日常種族主義透過其重複的表達使這種族歧視者相信自己有一種既有權利。這種觀念意味著那自我認定有此權利的族群，也就是那占據了相對較高的社會

權力地位的族群（例如，歐洲和美國的白人，以及中國的漢人），可以對非其族群者大放厥詞或為所欲為，不論有多麼歧視和詆毀。這種自我賦予的權利被投射為一種隱形的自我保護以及不受質疑的權威和權力。今天人們運用這種種族自我賦權的方式與過去的不同，因為在過去種族主義本身幾乎很少被當作一個詞彙來使用。今天，賦權種族主義（entitlement racism）藉著言論自由的權利而取得合法性。一方面從道德觀念上否定種族主義，另一方面又以自由的名義聲稱有權說出任何能想到的事情，不管種族歧視多麼嚴重，這兩件事同時發生。賦權種族主義將他們自己置於不受譴責的地位，同時又貶低那些承受了歧視的人，認為他們因不屬於主流文化而有誤解，或者太敏感、臉皮太薄而經不起玩笑。這樣的結果是，這種種族主義攻擊的對象被貶損了兩次，第一次是當種族主義話語說出口的時候，而第二次是當這些話被合理化的時候。

由此有兩點可見。首先，所有種族主義都具有一種彼此相關的特質。當一個人容易歧視猶太人、穆斯林或中國人，他也可能對其他不屬於自己群體的人持負面的態度。如果說有個中國人討厭日本人，舉例來說，並且把所有日本人都當作幹不出好事的賤民集團，那麼很可能那個中國人也會對韓國人或黑人等其他人懷抱恨意。後者僅僅因為與主流群體有所區別就使他們被主流群體所嘲笑或拒絕。任何種族所表達的種族主義都被其他地方的種族主義所支撐。同樣地，如果

對黑人的種族歧視在某個社會中很普遍但在所有其他地方都遭到公開譴責，那麼它就不可能在當今世界擁有它的力量，於是很可能就此消退了。如果說美國的反華種族主義，舉例而言，在世界其他地方都受到公開譴責，那至少會激勵美國人去重新思考他們的態度。

其二，許多人認為各種的種族主義總是透過種族的明確訴求來表達自己。如果有人以種族主義的話語表達意見──一個白人說他們不能分辨中國人彼此之間長相有什麼差異──這就表示這個人認為所有中國人都沒有區別。他們看似沒有明確使用種族的概念，但其實他們的表達方式還是種族主義的，因為他們過度粗略地將十多億人概括成外貌無所差別的人。他們有效地把整個群體都同質化了，並且否認其中成員的個性化。在這裡，我們看到的就是一個種族主義的例子：以一種貶低的方式過度總體概括了整個群體，但其實這在西方許多白人中並不罕見。但是這種表達沒有明確的種族訴求，而且確實肇事者可能否認他沒有往種族方面去思考。正如當代分析人士所指出的，人們可以在無須提及或援引種族概念的前提下，使用種族主義的方式表達自己的觀點。種族主義是針對他人的一種傾向，或是一種內建了歧視性設計和法則的社會結構或制度，從而導致對他人做出侮辱性行為。這種行為可能導致用更不歡迎、更具排斥性或歧視性的方式對待特定群體的成員，而他們本身特權群體的成員則不會體會到。侮辱性行為取決於這種歧視待遇的歷史，隨

著時間的推移所累積的影響和痕跡。種族主義因此變得不那麼容易辨認得出來，因為社會的控制實際上以「沒有種族的種族主義」（racism without race）為方式了結此事。當對移民工人的侮辱和剝削被認為是正常操作，因為他們的文化以及生活方式次等低下的只適合在低劣環境中工作，這一點在種族主義透過社會階級來表達的時候也特別明顯。

因此，為了解決所有複雜的種族主義和種族─民族排斥和非人化（dehumanizations）問題，我們需要確定其各種表達方式。這些包括個人的日常表達、經常自我複製的賦權和自我特權化的社會控制，以及它們的系統性和結構性的體系建構。

最後，是一句提醒。許多人主張以寬容作為解決方案。通常來說，忍受總比不忍受來得好。但是，寬容是一份「自己活著並讓他人活著」的擔保，即便自己不能接受但仍然對他人行為保持開放的態度。然而從另一個角度來看，寬容總是某種權力位置的展現。寬容的人具有容忍他們所不可接受的行為的社會力量。而被寬容的人永遠不會說：「我想被寬容。」相反地，他們會說：「我希望得到尊重，即使我和你們這些有社會力量的人都不一樣。」尊重意味著需要去理解與自己不同的人、他們的文化和經驗、他們的處事方式以及原因。然後，這會迫使我們去解決我們社會和文化中無法適應這些差異的問題，以及無法消除各種排斥的問題。反過來說，這也要求我們能預見我們的社會透過積極擁抱種族差異

越變越好、越來越大的多種途徑，而不是在勉強接受的同時
卻又壓迫、排斥或邊緣化那些被認為不同的人們。

日常篇

安提阿（Antioch University）大學教授
艾斐然（Philomena Essed）

當今社會裡的種族主義

當黑人女性開誠布公

「他們表現得就像不會歧視一樣，但其實他們無時無刻不瘋狂地歧視著。他們或許會臉上掛著微笑，說幾句好話，但如果妳仔細聆聽，看看他們的話題談了些什麼，妳就會發現歧視。我還寧可一個荷蘭男人直接說：『妳這也不能去，妳那也不能去』，那我就明白怎麼回事，然後反擊。

「然而，他們卻說：『當然，就這麼辦吧。』然後，一旦妳這麼做了，他們卻完全不尊重妳！」

這些話語來自一名蘇利南（Suriname）女性。她從自身的經驗發言。坦白而言，她的日常語言給我們一股關於日常種族主義的驚人感受。

相較於美國或英國，荷蘭（尼德蘭）的種族主義議題從來就很少被提及。當地黑人女性視角下的種族主義幾乎不曾被注意過——這也就是為什麼本書需要被書寫的理由。

無論是否有這樣的意識，如今大部分的白人傾向於隱藏或是否認他們自己的種族主義。這精準地反映了黑人女性體驗到種族主義的感受是多麼地重要。如果我們設身處地思考

一下個人能體驗到種族主義的各種可能性，我們就必須提出這個過往很少被觸及的質疑，也就是：如果黑人所感受到的種族主義是隱晦不明的，他們要如何向他們自己和別人證明他們的體會是真實的？

這個問題在全世界都很關鍵。正如我們即將看到，日常的現實教導我們許多種族和民族的歧視都很難「證明」。然而種族主義的體會和後果更是真實或深遠，因為種族主義發生於暗藏或是看似難以捉摸的形式裡。與之相反，比起公然地歧視，日常生活中的種族主義最終導致的傷害更大。

以訪談25位女性為基礎——其中14位來自蘇利南而11位是非裔美國人——我將透過這些女性與白人相處的日常經驗為視角，討論種族主義的影響和意義。這些女性的故事向我們展現了種族主義如何深沉地埋根於今日的社會之中，還有這樣的事情在有色人種的日常生活中會留下什麼樣的痕跡。幾乎所有這些接受訪談的女性都很年輕：年齡上大約介於20到30歲之間。當黑人身處一個白人主導的社會，他們每天都會與白人發生接觸是理所當然。在他們所受過的正規教育中，他們有過白人的老師和同學。工作場合裡有白人的同事、上司或是客戶。回到家還有白人鄰居；去購物會遇到白人的銷售員以及其他顧客；然後還有白人房地產業務員、白人房東、各式各樣的白人公務員。這個名單長得很。這些都算是一般「正常」的白人。對黑人女性而言，與白人的接觸還牽涉到產生偏見和歧視的衝突。

　　這些訪談介於1981和1982年間完成，地點是荷蘭和美國加州。我在1985到1986年之間的加州完成後續的研究。那個時期的兩組訪談都被包括在研究裡了。

　　我將這份研究看成一種探索，而不是為了再現些什麼。我從同事和熟人那裡認識到了一些受訪的女性，然後還從她們那裡接觸到了更多其他的受訪女性。

　　我所採訪的蘇利南女性的大部分都沒有受過高等教育。而我訪談的非裔美國人女性幾乎都比這些蘇利南女性受過更高的教育。這是個有意識的選擇。在探索性的研究中，借助研究裡有實踐經驗和問題意識的人的洞察力是再正常也不過了。

　　我想借助美國這邊的訪談來蒐集更多關於種族主義的知識，以便於能更好地認知和理解發生在荷蘭脈絡下的現象。

　　關於我傾向於找受過較高教育女性，還另有一個原因。我想要打破這樣的迷思，亦即教育程度比較高的白人比較不會種族歧視。訪談每天與受過教育的白人相處的這些受過教育的黑人女性，確實能在這方面揭示不少。

　　我要這些女性訴說和展示她們的經驗。就著這樣的想法，我盡量在訪談中不去引導。

　　在沒有引導的訪談裡……訪談人的功能就是在提供訪談主題的簡短提問或引導之後，鼓勵受訪者多說。訪談人鼓勵受訪者盡可能且自由地說，但又必須對於受訪者陳述中所表

達的情感保持警惕，而且對於受訪者的感覺表現出溫暖但不
多做評論的肯定。

很明顯地，這段文字給出了一個無引導訪談的「理想」
圖像。這個非引導訪談的詮釋，和我的態度有個重要的差
異：我不能也不會將「對於受訪者的感覺表現出溫暖的肯
定」和真實衷心的參與二者分離開來。

我從不避開所有的暗示性問題。事實上，因為訪談的公
開性本質，暗示性問題往往導致這些女性發出和我相反的意
見，或是透過離題和舉例來解釋為什麼她們同意或是否認一
些特定的主張。這些女性為了她們自己而被鼓勵去自己決定
要怎麼樣闡明她們自己的意見和證詞，這是最重要的。

在自己的族群中做研究有這樣的好處，就是可以更輕易
地談論關於「族群外的」（out group）的反面觀點，這裡說
的就是指白人們。所以作為一個研究種族主義經驗的黑人研
究者，我有很大的優勢。從結果來說，這些女性還公開地批
評其他黑人。從她們和其他黑人女性打交道經驗而來的正面
和負面說法看來，受訪者可以因為我是個黑人女性而不再自
我克制。

不過，訪談一群和妳一樣的人也有缺點，那就是受訪者
會對習以為常的事物下這樣的評論：「妳知道我要說的」，
然後就省略掉她自己的詮釋。尤其，因為她們談論的是痛苦
或受辱的經驗，受訪者會用「就是那些事情」來指稱，然後

常常接著說：「妳懂的。」這時候我就得要有清楚的直覺來判斷，如果繼續這樣的話題會不會讓她感到難談，或是當下會不會喚起她不能或不想用口語來表達的體驗。相較於非裔美國女性的訪談，蘇利南女性的訪談裡這類的問題占了較大的比重。而在非裔美國女性中，雖然我的膚色是黑色的，相較而言我仍然是個外人。但也因此更容易問一些「天真的」問題，以便得到更細節詳盡的解釋。

因為這些訪談構成研究的全部體驗式材料，它們都被錄音成磁帶。這讓我可以精確地保留下來這些女性使用了什麼字詞來傳達她們的經驗。更甚者，這讓我可以用更平靜的心態來傾聽訪談，然後對我所聽到的內容做出反應。

為了顧全材料的可讀性，本書中訪談裡的提問和女性受訪者的回應都經過編輯。不過，當我處理材料時，我真誠地保留下這些女性原來的意圖和詮釋。如果翻譯的時候需要解釋，我會加上括弧符號。

在關於種族主義經驗這樣的一本書中，族群偏見和歧視這類概念的定義很重要，有了定義才能在之後的討論上有所共識。在什麼情況下我們能用種族主義這個詞，這個詞和族群自我中心主義這種更通泛的現象之間有什麼關聯？有偏見是否意味著你就是在歧視？我會在第一章裡連同一些其他的問題來談論這些話題。在第一章，重要的字詞定義和分辨不同類型的種族主義，例如個人式和制度式種族主義，都會用例子來充分說明。鑑於種族主義概念的經常混亂，明確的定

義應該可以幫上一些忙。

在第二章，14位來自阿姆斯特丹的蘇利南女性談公開和隱蔽的歧視，也談身為黑人女性所受到的偏見。因為這個群體不大，我們可以在多個角度且更近距離地觀看她們的經驗。

可以證明的是，種族主義的現實不僅限於每一個女性的個人生活。對其他蘇利南人——尤其是蘇利南小孩——的歧視，或是針對「異邦人」的一般性偏見，也影響著她們。事情至此已經很明白，那就是蘇利南人的生存土壤裡遍布種族主義。

就她們的教育和職業看來，這些受訪的在阿姆斯特丹的年輕蘇利南女性整體來說很有代表性。她們大部分是工人階級，大約一半是看護，要不是老人看護就是在醫院裡工作。其中少數是打字員、接線生或是秘書。其他的則是大專在學或是剛剛畢業。

這些女性的種族／族群來源各異。根據她們對一或多個蘇利南的民族族群親屬關聯，她們自稱「克里奧爾」（Creoloe）、「混血」（mix）、「混血的」（mixed）、「印度斯坦人」（Hindustani）、「黑人」（Negro）或「就是蘇利南人」（just Surinamese）。

這些蘇利南人和美國的黑人有一樣的先祖和一樣的奴役歷史。但他們其中根本的差異就是，這些蘇利南人的奴役歷史不是發生在荷蘭而是在荷蘭屬蘇利南殖民地。他們的奴

役制被廢除之後，一大堆契約勞工（contract laborers）從中國、印度和印度尼西亞被帶進蘇利南。在蘇利南——他們稱之為荷蘭屬圭亞那（Dutch Guiana）——有色人種構成社會人口的主體。然而，荷蘭人才是經濟和政治權力的真正擁有者，亦即那些教堂、軍隊和一小撮的商業精英。這些白人精英群體住在最富裕的區域，而且有他們自己的社交圈，連來自蘇利南本地的精英也歸屬其中。不過，一般的蘇利南大眾和這些荷蘭人很少或是完全沒有交集。只在蘇利南人來到荷蘭之後才每天都會和白人有大量密集地互動。所以這對於蘇利南人這個黑色少數而言，是個新的體驗，因他們第一次得要日常地面對來自白人的真實歧視。

　　鑑於這種發生在荷蘭的種族主義的敏感性質，我不會直接坦白地和蘇利南女性討論這點。為了不矮化這些女性，我向她們說我的研究是在研究蘇利南女性接觸荷蘭人的經驗。我盡量不問出這樣的問題：「妳覺得那是歧視嗎？」要在看似不太讓人舒服的文化脈絡下，讓這些女性談論種族主義的議題，這更加限制了我能得到的訊息。

　　不過，我也想要和這樣的女性群體做訪談：那些自從孩提時代就開始接受社會化以至於她們視自己為受壓迫的黑人「少數群體」之一，然後最終變得很習慣公開談論白人種族主義的女性。所以，我訪談了11名美國加州的非裔美國女性。這個州的美國黑人曾密集地參與平權社會運動的抗爭，也曾見證1960年代黑人權力（Black Power）運動的興起。因

此我期待她們能公開地談論種族主義這個話題。在這些訪談中我很自在地跟她們提出比較挑釁的問題，例如：「黑人女性會不會羨慕白人女性？」而這些女性深入地陳述她們的觀點，暢所欲言。

非裔美國女性人生中的日常種族主義將在第三章呈現。這些女性表現出來的社會化和她們高漲的種族主義意識，都與荷蘭的蘇利南女性有很明顯的差異。然而她們每天接觸白人的真實體驗卻和蘇利南女性的非常相近，這也進一步證實了蘇利南女性她們詮釋自身的經驗的真實性。然後，這些詮釋不僅只是被證實，還能進一步被那些美國黑人女性的認知所照亮。

女性可以很好地從彼此的經驗裡互相認知與學習，這樣的女性主義觀念在本著作中是核心主題。身為蘇利南女性，我向其他蘇利南女性尋求她們的經驗，這是本研究的起始理由。我與非裔美國女性交談因而獲得關於種族主義意義的更多訊息，然後我比較這兩群女性的經驗來更好地理解和闡明她們的處境。

雖然本書只陳述了兩群女性的經驗，其他有色人種女性也能在其中覺察到她們自己。這可能對於其他民族的男性也是一樣的。我由衷希望這些黑人女性的洞察力和經驗能激發相似經驗的討論，也希望這種跨越國家疆界的覺察能強化對抗種族主義的共同抗爭。

種族主義：它到底是什麼？

　　能體驗到對自身獨特群體（也就是所謂的「我族」）的認同和歸屬感，是人類的天性。這個族群可以是我們的家族、在學校我們的班級、我們的家鄉州（對我們加州人而言）、我這個世代（我們這群年輕人）、我們這個性別（我們是女人）等等。特定的「他者」（其他家族、其他班級、那些美國中西部人、所有的老年人等等），或是不論任何理由更通泛地講，所有一切不屬於我族的人，都被認定是對立的存在。這些其他人就是所謂的「他族」。

　　這種「我─他」之分的思維就是**族群自我中心主義**（ethnocentrism）現象的基礎。這種主義的核心思想態度就是認為自己的族群不僅僅是獨一無二的，還「強過」其他族群。自己族群的規範和價值被當作「優良」規範，其他族群文化風俗的優劣就由此觀點來判斷。西方民族自我中心主義的著名例證就是非洲黑人髮型傳統的辮子頭（cornrowing）被白人電影明星用來表現得又新又潮：「波・德瑞克」（Bo Derek）風格。藉由把這種風格表現得好像本來就是西方的時髦風格，白人可以大大方方地採用而不必改變他們認為黑人很原始所以當然不值得模仿的看法。

　　族群中心主義常常表現在人類學家無法接受他們所研究的族群的觀點。例如，一個最近的研究裡，荷蘭的黑人女性被形容成冷酷而又工於心計，因為研究者下了這樣的結論：

「男人有外遇時，她們不總是責備她們的丈夫，只要他還持續在經濟上對她負責。」痛苦、憤怒、關懷、慈愛，還有一切其他這些黑人女性所擁有的人類情感在此時化為烏有，都被這些白人人類學家輕巧簡化的言語掩蓋住了。

民族自我中心主義的另一個特質是相較於對待其他族群，對待自己族群的時候更願意容忍。失業白人都被當作受災群體，但當談到失業的蘇利南或是非裔美國人，人們馬上就說：「他們才不想工作。」相同地，稱讚自己的族類「聰慧」，但說到其他族群就變成「狡詐」。

簡而言之，族群自我中心主義事關將「我族」的思想、感受和判斷都當作「優良」、規範的。這是對自己族群的正面偏見。並非不常見的「黑人就是不想工作」觀點則顯示出族群自我中心主義是滋生族群偏見的肥沃土壤。

與排斥一切「他族」的族群自我中心主義相比，**族群偏見**則是針對特定的族群。這裡要強調的不是從「我族」的觀點思考，而是強調對特定「他族」的負面態度。我們這裡要說的不僅只是族群偏見，還有**種族偏見**。因為二者的差異不總是容易說清楚，所以以下我會使用種族／族群偏見。不過，我們還是應該要對「種族」和「族群」指稱之間的差異有清楚的意識。

「種族」概念來自何方以及我們怎麼理解它，在學界引起許多學者的關注。他們導出的其中一個重要結論就是，從生物角度而言，我們人類可以說只有一個種族：就是人類族

自己，智人（Homo sapiens）。但這改變不了人們仍熱衷地在「人種」之間做出區別這樣的事實。他們真正在意的是種族類別或是人種社群，也就是從膚色、髮色、瞳孔顏色和體質等方面的生理特徵為基礎來分類族群。選出哪些特徵才是劃分種組類別的關鍵，這種事情在歷史上已經發展了很久，而且，相當程度上來說，非常的任意而且主觀。

　　換句話說，也可能會有「紅頭」這種人族類別，或是有一族的人都超過6英尺高，如果紅頭族和高人族各自一代傳一代地離群索居，會產生出他們族群才特有的特徵。

　　因為「種族的」一詞的語言學含義仍然意味著多種種族的存在，我實在不是很滿意「種族類別」的指稱。不過，若要找出一個理論上不曖昧的字詞，我也束手無策。學術性文獻也時常使用「種族的」一詞，若有解釋那麼指的就是一種社會性而不是生物性的指稱。

　　因此，「種族」的概念意指著社會性的建構。本質上，雖然看起來好像是用外貌特徵將人群區分成不同的族群，實際上是以特定性質的個性特徵和行為模式來聯繫特定的種族族群。針對不同族群的特定行為模式和特定人類可能性，這兩種決定性的屬性就是種族思想的核心。

　　關於「民族／族群」一詞的概念，意見相當分歧。「民族性」和「族群」這些概念自從1970年代開始就變得特別流行。這種重新流行，不論是在社會科學家的術語還是日常的使用中，也已經被當作「文化發現」。這種傾向不只將人們

依照生理特性來進行分類，也依據一個族群之中所共享的歷史、語言、宗教、生活方式、規範和價值體系來進行分類。因此，個人的族群來源不一定從他們的外在表徵就可以立即辨認得出來。

不過，一個族群成員所共享的文化史和族譜確實意味著那個族群可以同時也是種族。由此觀之，想要把族群淵源和特定的種族類別區分開來，往往是非常困難的。

因此，基於族群中的種族／族群出身而來的**種族的／族群偏見**，就是針對特定族群或裡面個別成員的負面態度。這種負面態度（負面的想法、概念、意見、感覺、氣質、欲望以及諸如此類）乃是立基於對那個族群沒有根據的簡化和不準確的印象。偏見不僅僅只是「錯誤訊息」的例子。帶有偏見的人有個很典型的特徵，就是他們不傾向對多方均等平衡的訊息保持開放的態度。

他們只想固執在自己的負面態度上，所以當遇上相反意見就會出現很情緒化的反應。作為例子，考慮以下的對話：

甲：那些蘇利南人靠著我們繳的稅來過活。

乙：我個人比較傾向於認為大部分的蘇利南人都有工作而且自己繳稅。

甲：當然，應該有更多的人這樣做。首先，他們才不想工作，其次我打賭他們大概都在想著要怎麼樣才能避稅。

乙：你怎麼可以說他們不想工作，有那麼多的蘇利南人

去到就業辦公室登記，但因為雇主一開始根本就不想要聘雇蘇利南人才導致他們沒有機會拿到一份工作？

甲：這就是我說的。他們很懶散；他們只想要社會福利。難怪人們寧願雇用一個荷蘭人。

很明顯地，甲選擇性地聽乙的話，只從中捕捉能捍衛自己偏見的話語。

偏見常常被錯誤地描述成不理性的現象。這說法意味著，僅僅因為偏見充滿情緒，就表示它與理性對立。不過，上述的假設性例子告訴我們，偏見可以立基於策略性的論辯。尤其在政治上，基於這種理性論述所造成的偏見能帶來很嚴重的後果——而所謂理性在定義上不等於「正確」。理性論求的是人們所謂的常識。由於常識和所謂的邏輯思維有些相似，以至於使得某些偏見看起來讓人可以接受。

對於特定族群的偏見在定義上並不意味著**種族主義**一定會出現。一些荷蘭人幾乎藏不住對德國人或美國人的歧視，但這並不是種族主義。相反地，認為蘇利南人不想工作的偏見性想法才是種族主義的例子，因為荷蘭人作為社會中占大多數的群體掌握了權力，因此也掌握了將他們的優越感和認為自己值得更多權利和特權這類想法訴諸實行的手段。因此，出於這種偏見性想法，認為蘇利南人不想要工作，基本人權之一的工作權就巧妙地變成保留給荷蘭人的特權。

「權力」——特指的是透過自身的權力位置來壓迫其

他種族／族群——的概念對於了解種族主義的意涵和作用至關重要。如果沒有握有權力就真的去傷害了「他者」族群，那個人就犯了預判（pre-judgment）的罪——相信了有關該族群的錯誤或負面的訊息——也犯了對個人歧視的罪，但不是種族主義的罪。這其中的分野我稍後再細說。

　　種族主義建立在種族霸權和壓迫之上，是偏見和歧視的複雜合成物。種族主義將明確的**低下屬性**歸屬給獨特的種族／族群，並且使用這個規則去宣傳並合理化對這個族群的不公正對待。那個族群看起來在本質上既怪異又不同。種族主義往往與這樣的想法關聯在一起：那個族群意圖要「掠奪」和「貶損」當權族群的權利。與種族主義明顯相互關聯的是排外心態——懼怕任何「外來」的人事物。鄙視有色人種和國內「太多」黑人會威脅到白人的社群感（也就是白人文化的「純潔性」）這兩種想法的結合，有時候在英國指的就是「新種族主義」（new racism）。種族主義的作用在於合理化對於特定種族／族群的壓迫。從這點來說，基於種族／族群背景而產生的權力差異會一直持續下去。

種族主義的類型

　　那些認為種族主義會明確地說出或寫下「黑人低人一等」的人，很可能會得出這樣的結論，認為世界上沒有什麼種族主義。然而，黑人比較笨、不文明、駑鈍、沒人性，相

較於白人來說，黑人可以用比較粗暴和不人道的方式來對待，這些訊息會以無數且往往隱性的方式傳達出去。

為了能更深入理解一個社會是否是種族主義社會這樣的前提，我們將會區分這幾種類型的種族主義：文化性、制度性和個人性的種族主義。

一、文化性種族主義

文化性種族主義——有時稱作意識形態上的種族主義——和媒體上所表現出的黑人形象有關，這些媒體包含書籍、雜誌期刊以及遊記文學，既透過語言本身，也透過宗教、藝術或是文化慶典來傳遞。文化性種族主義其來有自，而且在社會中先於其他形式的種族主義。它的核心就是「文明的」白人對立於「野蠻、未開化的」有色人種。文化性種族主義涉及到從「我們」心理（民族自我中心主義）跨到下一步，認為黑人文化、風俗、價值觀或是不同種類有色人種的「本性」都很低下。文化性種族主義的早期表現裡，對應於北歐人的粉紅色或白皙膚色，直接把深色皮膚和「黑」以及「醜陋」聯繫在一起。16世紀當白人首次遇上了非洲的所謂的「黑人」（Negroes），這種聯繫馬上就確立了。對這件事的合理解釋是傳統上「白」（荷蘭語blank）的觀念和「良好、純潔」有關，而「黑」則與「惡壞、骯髒」有關。（荷蘭語blank——如同英文的「white」——有這些含義：明亮、

097

乾淨、純潔。）白人自認比其他人種要更文明，不論他們是不是原住民、亞洲人或是非洲人。「印第安人」被認為是「野蠻人」主要因為他們的宗教和文化，與之相對的是，在「黑人」的例子上，「不夠文明」和「黑色」膚色被捆綁在了一起，密不可分。

對歐洲人來說，他們在外遊歷的國人送回來的旅遊文學，對於他們了解世界上其他地方人們的生活方式是很重要的訊息來源。「未開化的原住民」的印象就是這樣藉由在地球上四處航行的荷蘭人送回給他們的母國。

我們從《世界與人民》（*De aarde en haar volken*）這套滿載遊記和許多作家感想的期刊裡，可以看到一些例子。以下的文字中關於一些情節的引述出現在19世紀末，道出其他種族族群的「本質」。

「能發生在鑽石田裡最糟糕的事情就是黑人的盜竊本性」，一個女性在她南非遊歷的回憶錄中如此寫道。一個荷蘭男性從「遙遠的印度」寫信回家，談到大象無比的「愚蠢」，愚蠢到牠居然接受野人的控制。「一個微不足道的野人，比較之下，他……相當明顯地智商低過大象，讓他想去哪裡就去哪裡」。

一個從埃及傳來的故事中，我們讀到「單純又天性良善的歐洲人」；而一篇來自巴勒斯坦的故事裡提到一個「本質上毫無紀律又異常暴躁」的族群。來自海地的一篇憤怒的報告中指出，「有色人種和黑人的可憐酋長被那些平等和

自由的空洞口號弄得很困惑，搞不清那些有關人權的胡言亂語。」（這裡說的是1780年代末法國大革命對於海地事務所帶來的「負面」影響。）最後，當提到中國的「千木夫人」（Mistress Senki），她被說成「確實是個美人……就中國女人而言」。

到了19世紀，旅遊文學也開始具備半淫穢的功能。年輕的白人男性給他們在法國、比利時和德國的朋友和家人寄上印有裸體非洲女性在殖民地印製的明信片。美國出版的雜誌，例如《國家地理》，開始出版裸胸的非洲女性的照片，或是其他非西方國家的幾乎一絲不掛女性的照片。

當我們看到兒童讀物中灌輸給兒童的觀點時，對有色人種的種族主義（和性別歧視）描述現在已經過時、該走入歷史的這種空洞希望就煙消雲散了。當然羅琳·芮德蒙（Roline Redmond）分析超過100種兒童讀物——差不多有65種都是在1960到1970年代之間寫就，所以可以說是當代兒童（譯註：1980年代）的學習材料——她得出這樣的結論，對於黑人的描述往往都是負面、詆毀而且帶有種族歧視的。她所分析的材料裡面包含了荷蘭文的書刊，以及大量原來在美國和英國出版然後翻譯成荷蘭文的書籍。她還給出了強有力的例證。例如，透過對比雪白色的桌布或是襯衣的亮白色來強調非洲人的深色皮膚。其中的含義是深色的皮膚是「乾淨」的相反義。黑人也徹底被當成醜陋的：「醜到不能看：塌鼻子加上大餅臉。」此外反覆出現的還有他們對於白人卑

躬屈膝的模樣。黑人被表現成懶散、好鬥而且不穩定——黑人天生愛哭而且喜怒無常。當人們嘲弄黑人，不會叫他們「兔崽子」或是「婊子」；反而，說出口的是種族歧視的用語：「醜八怪黑仔」（lelijke zwartkop）、「黑面仔」（roetmop）或是「黑煤煙渣子醜玩意兒」（lelijke roetzwart ding）。把黑人和動物特徵以及動物本身牽扯起來的事常常發生，猴子就是最常見的。

此外，黑人被當成因為不能使用語言因此很難溝通的野蠻人或是食人族。另一方面，白人是探險者，將文明帶來這裡。

這般的種族主義形象廣被人民大眾所接受。甚至是紐伯里文學獎（Newberry Award）得主寶拉・福克斯（Paula Fox）的《月光號》（The Slave Dancer）裡面也有種族主義的用語。這本書深受好評，但是作者用了這些侮辱黑人的詞語，用「黑仔」（niggers）來說非洲人，說非洲「就是深不見底的一大袋黑人之外啥也沒有」。理解了上面這個觀點，那首茲瓦迪・皮耶特（Zwarte Piet，荷蘭聖誕老人傳說裡聖誕老人的黑僕）的歌裡會這麼說也就不足為奇了：「我或許黑得像煤煙渣子，但我很善良。（I may be black as soot, but my intentions are good.）」

文化性的種族主義以多種方式向孩童傳播。孩子們本身對此無能為力，而且一旦種族主義成為他們思考模式的一部分，就會對這種後天的種族主義最終完全沒有任何控制力。

所以即便到了最近，舉例來說，要讓一個差不多16歲受過良好教育的荷蘭男孩對他的一群朋友自發地說出以下的故事，完全有可能。「我們班上的一個傢伙從阿拉伯來的。他爸爸在那裡做工程師。好吧，他們在沙漠的正中間蓋了座溜冰場。荒謬極了，這些土著〔inboorlingen，荷蘭語中對「原住民」的貶稱〕居然也想溜冰！」然而當白人允許自己搞豪華的室內溫水游泳池——甚至還用熱帶地區氛圍的紋飾來加以裝飾，在阿姆斯特丹的好些游泳池就是這樣——他們卻認為這不過就是種單純的樂趣。

　　當我們認識到第三世界的樣貌在孩子們學校教科書裡面是怎樣呈現的，我們就可以更加清楚地理解到年輕人種族主義的態度是怎麼來的了。哈利・馮・登伯格（Harry van den Berg）和彼得・雷恩施（Peter Reinsch）曾經從荷蘭各所小學使用的教科書裡面隨機抽取了25種來進行分析。他們發現這些書本中的種族主義觀點反覆地出現，尤其在地理科目。舉例來說，當形容沙漠游牧民族住在帳篷的時候，有個作者評論白人（「和你一樣的露營者」）會對這樣的地方嗤之以鼻。接下來，該書中有一種論調聲稱這些游牧民族根本就不是真的；其中一個女性居民被形容成她的腳趾可以「摸索和抓取」東西，而她的手「和腳都和人猿一樣」。

　　這種例子裡的種族主義再明顯不過，你可以假設，任何人只需看一眼就能理解明白怎麼回事。不過因為這樣的描述在行文中流暢地交織著，而文章其餘的部分本身不是負面

的，所以我們需要特別的注意力來辨識出其間具有歧視的部分。學童們就這樣被誘導成把種族主義觀點當成理所當然，除非個別教師或警覺的學生主動地指出並且質疑這些部分。更甚者，這種明顯的種族主義馮‧登伯格和雷恩施稱之為「種族主義聯想」（racist associations），在教科書中並不像隱性種族主義那樣無所不在。

潔利安‧克萊茵（Gillian Klein）透過細節地分析英國的學校教科書，顯示歐洲自我中心主義和種族主義操縱了整個教育體系。非白人的歷史即從白人「發現」他們開始。人類文明被理解成一種進化的過程，其間歐美文化——亦即，西方的法律系統、民主政府政體形式以及資本主義經濟——被認為是這個世界上有史以來最好的。透過歐洲人是文明的傳播者這樣的說辭，殖民主義被合理化。還有，許許多多這樣的教科書從南非大使館免費得到圖片來做成教材。

這類的圖片也在美國的學校教科書之間傳播著。但是平心而論我們不得不提到，世上最活躍而且嚴厲的學校教科書分析中心就在美國。紐約的兒童跨種族書籍委員會（Council for Interracial Books for Children，簡稱CIBC）定期出版最新訊息和指引，來防範學校教科書裡面的種族主義和性別歧視。

在研究過兒童的歷史、語言、地理和其他種類的教科書之後，我們得到這樣的一種印象，殖民主義是歷史環境中不可逃開的必然結果，亦即第三世界如果要怪就只能怪他們自

己的不爭氣，而西方世界寬宏大度，給予幫助還派人提供教導和領導。

　　白人至上的意識形態，伴隨著它自己「合理的」含義以及有色人種低下這些概念，不僅出現在小學的教科書中，也出現在高等教育的教科書裡。所以當白人工程師兒子傲慢地說「原住民」（natives）竟敢也想溜冰，我們並不會感到十分驚奇。

　　文化性的種族主義也透過其他管道散布，例如廣告。不同的歐洲國家的電視上和雜誌上都可以看到一些公然宣傳種族主義的商業廣告。

　　一個奇基塔香蕉（Chiquita bananas）的電視廣告上一個黑人女性穿著香蕉裝，一邊尖叫著一邊被一群白人水手追逐。任何人都不需太多的想像力就可以理解到其中的種族主義和性別歧視，暗示著水手們相當飢渴。最近，某國電視上出現一個更微妙的例子，結合了新殖民主義（neo-colonialism）和性別歧視：異國情調的「棕皮膚美女」有著大長腿，身著薄可透光的絲綢布料，用誘惑的杏眼看著你並且微笑著，手裡拿著雀巢咖啡豆，暗示歐洲白人快去買。

　　在荷蘭，黑人直到最近才「被允許」參與電影或是電視廣告──如果他們的膚色稍微比較淡一些的話。因為白人意識到少數族群也是顧客群體，他們只好習慣這樣的想法：X牌飲料喝起來滿不錯的，就算這是個蘇利南男性推薦的。我懷疑什麼時候我們才能看到這樣的廣告：使用Y牌助曬乳

液，您就可以和安提利安（Antillian）或摩鹿加（Moluccan）女性一樣擁有令人驚豔的棕膚色？或是，只要使用了Z牌家庭燙髮捲，您就可以和電視上看到的非洲女性一樣擁有滿頭的靚麗捲髮？目前，美學上宣導的意識形態，讓我們認為但凡美麗的皆屬於白人的特性。

在荷蘭也一樣，重要的新聞都只能由白人來報導。那結果呢？白人播報者、白人節目主持人，還有白人宣道人。在美國，有色人種在電視上有比較多的呈現，但積極正面的形象仍是少數例外，而且還有很大程度上可疑的刻板化。

關於有色人種在電視上的形象還不太有系統性的研究，但在每天的新聞報導中卻完全是另外一種情況。徒恩·馮·戴克（Tuen van Dijk）研究了報刊雜誌中的種族主義，他指出英國和美國的新聞報導中被認為危及白人大多數利益的事件都會被標作最引人注目的。相對地，對有色人種利益有所威脅的則沒有被完整地報導。在美國的大部分地方，因為經歷過民權運動，媒體傾向於傳遞這樣的訊息：種族問題早就被解決了。如今黑人抗議和鬥爭表現得再也沒有1960年代當時來得激烈，新聞報紙似乎對於種族議題也不再感興趣。

然後，種族主義往往被忽視或是用「弱勢群體」（disadvantaged）或「貧困階層」（underprivileged）這類的委婉語來掩飾。

對黑人、拉丁美洲人和其他有色人種的報導大多仍然是陳腔濫調。除了體育和娛樂新聞，非裔美國人往往被塑造成

不是**有**問題就是**製造**問題的人。他們在媒體上被塑造成看起來懶得工作，在學業上又很失敗，而且還很容易濫用藥物。成功的案例則非常之少。這種趨勢在英國也一模一樣。在英國，有關種族事件的日常新聞中很大一部分都是相當中立的，但頭條新聞通常都是以負面的眼光看待黑人。右翼的媒體尤其如此，他們毫不猶豫地在專欄和社論中將黑人和任何他們視為「敵人」的人當作殺人犯、暴君、阿亞圖拉（譯註：伊朗伊斯蘭教什葉派宗教領袖）和人渣。

　　荷蘭比起英國，公開明顯的種族主義新聞報導少了很多。但是，荷蘭自有其表達歧視有色人種的手段。經過長達一個月持續分析五份國家和兩份地方報紙為基礎，馮・戴克總結這些報紙很少向讀者提供關於社會中少數族群積極正面的報導。新聞文章都是由多數主導群體（荷蘭白人）的視點寫成。除非寫到一些偶發性的意外，例如主要是犯罪報導，否則很少有明確的種族主義。然而，這個現象要表達的隱含訊息卻是很明確的。這些新聞很多都是**關於**這些有色人種公民，但卻幾乎沒有**由**他們寫的東西，也沒有報導出從他們角度來看這些新聞事件如何影響了他們的生活。此外，在很大程度上他們被描繪成一個問題群體：再一次，他們要麼**有**問題，要麼就是他們**造成**的問題。當然，根據「我族」（白人）的觀點，新聞文章很少涉及荷蘭人給有色人種公民造成的問題，特別是種族主義問題及其經常產生的極端影響。

　　馮・戴克的研究結果可以這般總結，荷蘭報紙雖然不是

公然的種族主義者，但絕對是種族主義者。許多的報刊文章都可以證明，任何人都可以在「言論自由」的幌子下散布種族主義思想。當報紙不同意所表達的觀點時，通常由編輯或記者安置的解毒性評論（antidotal comment）也不再出現。

令人感到遺憾的是，這些報紙在報導1982年議會選舉時，對中央黨（Centrum Party，一個極端右翼的荷蘭政治黨派，其綱領建基於種族主義）的關注並沒有被延伸來進一步提高人們的意識。

與之相反，一個共同的戰線出現了。從「我們」（「非種族主義者」、「正常」的白人）的角度來看，新聞界假裝只有一小部分可辨認的群體允許自己受到白人至上意識形態的影響。但是，我們怎麼能確定「投錯票」的不是最好的朋友或鄰居呢？還有一個令人尷尬的場面：新聞採訪者讓自己被那些公開宣揚種族主義觀點且直言不諱的人逼到了牆角。這是訪談者無力的徵兆，或者更糟，這表明他或她時常感覺到說話者已經觸動到一種不可言說的言語禁忌？

把極端種族主義與更溫和形式的種族主義放在同一個層面上是荒謬的，正如不承認許多人實際上憎惡種族主義，也是一樣的錯誤。然而正是因為這個原因，我們必須揭示對黑人的不尊重和漠視（無論有意識或無意識地），在文化上被宣傳、被公眾接受並重新傳播，到底已經到什麼程度。社會透過一代代人，不斷重新生產出種族主義。雖然白人的尖銳邊緣可能已經被銼掉了，但幾個世紀以來他們仍然一直保持

著所謂的優勢核心。

　　文化性的種族主義似乎只建立在觀念上：對黑人根深柢固的偏見。例如，個人可能對黑人會有偏見，但不一定需要將他們對白人的偏袒表現出來。換言之，理論上來說，偏見可以存在而不一定就會導致歧視。然而，在一個種族主義社會，白人優越感的意識形態對體制的運作方式有著深遠的影響。就因為如此，我們不能將文化性的種族主義與制度性的種族主義分開來看待。

二、制度性種族主義

　　所謂的制度，就是負責立法和維護勞動政策、政治政策、醫療保健、教育、住房、社會和商業服務以及其他社會框架的政府單位、企業和組織。當這些制度機構的運作方式限制了某些種族／民族群體的成長機會，還給予他們較少的權利或限制他們使用這些權利的機會時，制度性種族主義就存在了。

　　實際上，這意味著雖然有許多規章制度確保白人可以工作、接受訓練和教育、獲得社會和醫療幫助、享受法律保護以及作為公民向警方申訴報案的權利，但這些規章制度對有色人種公民而言卻不太容易獲得，而且也不太為他們服務。

　　理解體制性種族主義的運作方式所必須知曉的兩個關鍵概念是直接歧視和間接歧視。種族／族群歧視是基於某一特

定群體的種族或族群淵源，而對他們其中的成員不利的待遇（adverse treatment）。直接歧視和間接歧視之間的區別將解釋為什麼我將歧視定義為與白人群體的占優勢相較而言的「不利」待遇，而不是使用更常見的詞語「不平等」（unequal）待遇。

　　直接歧視指的是我們所熟悉的相等處境下遭到不平等待遇的概念：斯坦利不行，因為他是黑人；約翰可以，因為他是白人。由於斯坦利的出身，相同的處境下結果卻對他不利。

　　間接歧視也指對特定種族／族群血統之人的不利影響，但在這種情況下，這種歧視是由於平等待遇造成的。這是怎麼回事？其實是因為關於間接歧視的「待遇」一詞具有誤導性。這更像是不平等行政程序或法規的強制執行平等。在1980年代初荷蘭一些立法者試圖在荷蘭國會通過的一項法案中我們能找到一個明確的相關例子。儘管這項法律沒有獲得通過，但它為我們的論點提供了一個饒有趣味的案例。該提案指出，與生活在荷蘭的兒童相比，父母居住在國外的荷蘭子女將獲得較少的兒童撫養費。這似乎是一個「中立」的規定。然而，將其應用到所有荷蘭政府機構的員工身上，我們就會發現它會影響到一個特定的群體；那就是摩洛哥和土耳其兒童。這樣的法律對於荷蘭人來說多此一舉；大多數荷蘭的父母都在家陪著孩子。而且它還建議荷蘭外交官的子女可以免受這項規定的約束，這項提案的種族主義意圖就變得

更加明顯。這也是一種直接歧視（在平等處境下的不平等待遇）的企圖：雇員為荷蘭政府工作，但他們子女居住在荷蘭境外。

　　間接歧視的推進不僅源於「新的」普遍規則的建立；強制平等地執行現有行政程序也可能產生「族群上的不利影響」。當一個人在註冊一家獨立企業或成為個體經營者之前，必須滿足許多法律條件，這使外國出生的公民處於不利地位，哪怕這種障礙只是由於語言不通而導致。間接歧視也不必有意如此。當一個機構多年來只考慮白人利益的時候，間接歧視常常是透過慣性的力量，自然而然地產生的。然而，當我們看到荷蘭社會雖然具備多族群的特性，卻對特定的種族群體施加了許多義務，但同時又提供給他們很少的社會服務或權利時，我們就不能再認為它是無辜的。

　　西方的就業和勞動力市場揭示了對種族／族群許多形式的直接歧視。我們可以借助另一種分辨方式來更好地說明這一點：**公開歧視**和**隱性歧視**。**公開歧視**的一個例子是，雇主直接對蘇利南婦女說他不雇用「有色人種」（coloreds）。而**隱性歧視**的例子則是，如果同一雇主沒有公開表示他對蘇利南婦女有偏見，但他卻「遺憾地」承認，剛剛已經錄用了別人。

　　隱性歧視顯然很難被「證明」。然而，在實驗研究中——即為測試某些假設而設計的情境中——卻證實了在荷蘭雇主中存在著隱性種族主義。在荷蘭一項試驗研究中，臨

時職業介紹所的工作人員說他們找不到蘇利南人或西班牙人他們想要申請的工作，但不久之後他們卻提供工作給同等資格的荷蘭白人。研究發現，雇主對明顯帶有民族名字簽名的求職信反應消極，但當完全相同的求職信上頭的簽名寫的是「德‧弗里斯」（De Vries）一類的典型荷蘭語名字，他們的反應就變得很積極。

這些不是孤立的案件；它們是經常發生的歧視形式。種族／族群團體的失業率遠遠高於白人。此外，勞動力市場還顯示出種族之間的「分割」（segmentation）：少數族群在低收入、重體力、非正規和非技術性種類工作中的比例過高。

此外，少數族群幾乎沒有垂直流動性。在某些情況下，來自少數族群的人永遠得不到某些機會。例如，烏德勒支市（Utrecht）的國家就業辦公室將不再幫助「年長」的外國婦女尋找工作。這不是一個關於女性是否接近退休年齡的問題：「年長」在這裡指的是第一代移民。這樣的結果是，對於土耳其和摩洛哥的婦女來說，在她們到達40歲之前她們的工作機會就幾乎完全消失了。其他這類邪惡的行為也被曝光，例如在阿姆斯特丹就業辦公室登記申請工作，蘇利南人的登記卡上卻被潦草地寫著「愚蠢的蘇利南人」之類的話。

住房問題上存在的歧視經常以隱蔽的方式發生。租金或價格可能被定得太高，以至於大多數有色人種無論如何都負擔不起。個別房主可能會謊報房屋的空置情況，或房屋仲介機構會用某種形式來篩選租客。在我採訪的荷蘭和美

國婦女的故事中，我們會遇到許多這類形式的歧視例子。在荷蘭發生隱性種族主義的臭名昭著例子就是「分配政策」（distribution policy）。儘管沒有落在紙面立成正式的書面規定，但在各大城市的市政住房分配已經被證明具有歧視性。就好比這是個害蟲或是輻射危害的情況，一個白人得面對多少有色人種，這個比例是事先確定的，比如，一棟建築中最多有六個黑人家庭。（沒有人會認為是少數族群得與大比例的「陌生人」──白人──住在一起。）這項政策的直接結果就是有色人種公民得花比平均值更長的時間來等待住房分配。實際上，在他們的住房得到分配之前，還有額外的要求必須滿足。隱性歧視以透過個體房東有「權」抗議的形式來呈現，則又是另一個障礙。

住房協會和其他私營企業的歧視也使少數族群更難找到住房。相同的結果再次顯現出來：他們得到了最差的住房，或者他們花了很多錢卻住在設施通常很糟糕的寄宿房（boarding houses）裡。在1974至1975年之間，阿姆斯特丹的黑人都被介紹給一個住房協會──該協會恰如其名地叫「我們的利益」（Our Interest），而且以口號「我們不歧視」來處事──很快地，他們的服務就被蘇利南人訂滿了。

荷蘭有一個現代神話：「你只要是土耳其人或蘇利南人就可以在一瞬間獲得容身之處。」白人連自己也感到受到歧視。

不論有意識或無意識，這暗示他們應該有優先權。引申

111

出來的意思是，只要每次房子**不**歸白人申請人所有，就都是不公平的；一旦所有白人都得到住房，二等公民就可以得到剩下的。雖然現實可能沒有這裡所說的那麼粗糙，但在荷蘭經常聽到的評論背後確實有一股緊張的暗流，比如「⋯⋯那些土耳其人就要搬來住隔壁，而我女兒卻在等待名單上等了這麼長時間。」（他們對有個荷蘭人家庭要搬來隔壁住會同樣的反應嗎？）

　　很少有一個制度性種族主義能夠像由白人主導的教育體系那樣招致這麼多的討論。目前有為數相當可觀的雙文化教育、雙語教育以及最近日益增長的跨文化教育出版品已經出版。教材中存在的種族主義前面已經提到過；而黑人和白人學生一樣都接觸到這樣的教材。關於白人和黑人學生之間關係的研究還很少。一種重要的歧視形式源自於老師和指導者，造成的結果是黑人學生沒有辦法像白人學生那樣充分利用自我發展的機會。儘管在這一領域缺乏基礎研究，但已經有跡象可以表明，少數族群的學生常常被分配到低於他們的智力水平的班級。比起這些，可能還有比官方報告中所給出的解釋，如「語言技能低下」，或是有困難融入歐洲中心的教育體系更嚴重的問題。

　　住房和教育方面的歧視本身並不單獨存在。同樣模式的敵意和排斥也發生在其他體制裡，例如在與警察的衝突中。

　　「我可以看一下你的駕照嗎？」

「對不起，我沒帶在身上。」

「那麼，你還有其他能證明身分的證件嗎？」

「有的，我的護照。」護照秀出給警察看。結果發現，護照的持有人是美國人。

「原來護照是假的！」

「拜託，你看看這照片裡面的就是我自己！」

「現在別把嘴巴張這麼大。」

對於一個在荷蘭生活多年的美國黑人來說，這開啟了一段漫長而不愉快的經歷。這件事直到他的白人岳父被叫來，警察才改變了語氣。與此同時，這名男子則被當作罪犯一樣地拘留。

警察的行動往往清楚地表明，一方面透過歧視性的正式行使職能，另一方面透過非正式行使這一職能，來表明這二者之間在體制性種族主義的區別。正式職責包括法規、責任和某辦公室其他官方的內容。非正式方面則涉及這些職責如何被履行。例如，檢查司機是警察的正式職責之一。如果黑人司機比白人司機被停下接受盤問檢查的次數要多，而且多到不成比例，那麼歧視就是存在的。研究表明，在交通或「可疑情況」中，黑人接受了更頻繁的檢查。在這類的情況下，是否是「嫌疑犯」的認定當然由警察自由裁量。（在英國，他們稱之為「sus」案件。）尤其是年輕的黑人男性和男孩，經常遭到警察騷擾，成為他們的受害者。而且光是他們

的膚色似乎就讓人有理由懷疑。

許多白人都能在車門邊上或警察局的辦公桌後面看到彬彬有禮、相當友好的警官。對人友善並不是強制性的，「這只是工作的一部分。」但其實也沒有理由**不**對人友善。然而，這種禮貌和友好——履行警察職責時的非正式組成部分——黑人卻不太有機會見識到。這不僅適用於他們與警察打交道的經驗，也適用於他們與其他體制機構的代表打交道的經驗。然而警察確實有權力可以將種族主義以剝奪自由、暴力、無端殘暴等形式，轉化為具體的（人身的）歧視。而事實上，人們必須到警察局才能向警察**提出**歧視的指控這件事本身就使問題更加複雜。對媒體做出指控的黑人經常得面臨失望或羞辱。向一個本身就是以種族主義手法運作的機構討回公道，是場毫無意義的冒險。

制度性種族主義的影響是，黑人沒有辦法利用許多（或任何）理應提供給一般大眾的社會資源和服務。

透過以上例子我試圖表明，種族主義社會的特點就是以種族主義方式來運作體制的系統。制度性的種族主義是由一個個的白人來實施的，他們透過自己的機關職位，來給予黑人比白人要差的待遇。

藉由有系統地使黑人處於不利地位並拒絕給予他們平等的社會機會，這些一個個的白人凸顯出這樣的事實：種族主義是白人的集體問題。

三、個人性種族主義

　　由於種族主義從定義上來說是一個群體問題，個人性的種族主義的概念可能有些令人不易弄清楚。首先，對個人性種族主義的理解揭示了白人優越的意識形態和對黑人的排斥是如何被融入個人的觀點和態度之中。從這個意義上來說，個人性的種族主義相當於種族／族群偏見。此外，它還涉及歧視，特別是在私人關係（鄰居、熟人、友誼的選擇）和非正式接觸（街上或商店裡的人）的領域。

　　不過，在體制性種族主義和個人性種族主義的分野之間尚有一個灰色地帶。不論是忽視黑人同事且下班後從不邀請她一起喝杯飲料，或是除了同事關係把她排除在其他類型的接觸之外，都是一種個人性的種族主義。當然，每個人都有權力決定是不是要更深入地了解某個同事。但是，私底下排斥那個黑人同事不僅會影響她在組織中的表現，還會降低她在工作環境中被大家完全接受的機會。從這個意義上而言，這種態度也可以對照證實了制度性種族主義。

　　舉例來說，荷蘭雇主聲稱「如果這只是個人意見的問題」就會雇用黑人，但他們說必須考慮到白人工作團隊的抗議（個人性種族主義）；而「一個良好的工作環境」必須被小心維持──這裡個人性和制度性的種族主義的融合再次非常明顯。乍看之下，雇主似乎沒有採取種族主義方面的考慮。畢竟，如果由他或她來決定，黑人就可以得到平等的待

遇。但其實他被商業目標所驅動：如果把黑人帶進白人工作團隊，那麼工作環境變得惡劣可想而知，這樣一來可能會導致收入的損失。

然而，當雇主接受他人的種族歧視時，這也是他個人的選擇。但如果我們區分積極和消極的種族主義，那麼他的論點中的缺陷就更會變得加明顯。積極的種族主義，或至少是積極的歧視，是指所有有意識或無意識地直接出於排斥或貶低黑人的動機而產生的行為，就只因為他們的膚色是黑色的。

消極的種族主義是與其他人的種族主義共謀共構。對於「這需要多少黑人才能……」這樣侮辱人的笑話發笑（「但這可真是一個很**好**的笑話」）和故意「沒有聽到」其他人的種族主義言論，都是被動的種族主義行為。

我們不應低估消極種族主義實際發生的頻率。當偏見和歧視被視為不友好或粗魯，但**不至於**被視為種族主義的情況下所產生的這種氛圍的極端症狀。這使得即便有人「粗魯」到忽視黑人同事，人們不去反對這些人也是沒有問題的。在同樣思維下，人們在餐館裡可以接受由黑人來招待服務，但與黑人同桌則不行。

將個人性種族主義延伸，就會變成**集體種族主義**（collective racism）：有組織或稍有組織的種族主義，舉例來說，一個社區拒絕接受黑人鄰居、年輕白人襲擊路上經過的黑人，或是舉行煽動仇恨「外國人」的會議。集體種族主義

具有傾向於公開而且粗暴的本質，這種形式的種族主義使得其他的種族主義類型都黯然失色。這不僅就是發生在荷蘭的情況，在美國也一模一樣。對黑人採取公開和暴力的行動長期以來一直是官方承認的唯一形式的種族主義。然而，與大多數群體中較為溫和的種族主義相比，這個小群體的極端主義也只能是「極端」的。

　　各種研究已經表明，個人性的種族主義在荷蘭社會十分普遍。與少數族群接觸的地方越遠，社會距離（social distance）也就越大，一般荷蘭人的接受程度就越高。根據1982年的《社會和文化報告》，75%的荷蘭白人人口表示他們願意接受蘇利南人和外來工人為同事。同樣比例的受訪者表示，他們會接受來自這些群體的孩子作為自己孩子的同班同學。對於鄰居是不同種族／族群血統「容忍度」則較低。只有45%的人表示完全沒有反對意見。拉根戴克（Lagendijk）的數據（同樣是1982年）則提供了一個更不樂觀的圖景：35%到52%的荷蘭人被證實對有色人種同事懷有偏見，而50%到62%的人則對有色人種鄰居帶有偏見。

　　在測量偏見方面的這些差異說明了要確定種族主義的嚴重程度絕非易事。這裡有一個需要考慮的重要因素是，大多數的白人都清楚地意識到對其他種族群體的偏見是種「錯誤的」行為規範。

　　這件事一直困擾著研究種族關係領域的社會心理學研究者，因此他們在研究美國黑人和白人行為中引入了一些「低

調不惹眼的」手段來測量種族偏見。這意味著被研究的目標人群並不知道他們行為中的特定方面正在被研究人員觀察。一些實驗表明，白人對於作為研究目標的黑人有更具攻擊性的傾向，而相較於需要幫助的黑人他們更傾向於對白人伸出援手。

在回答調查問題時，想要表現得「很好」（不帶偏見）的念頭也會掩蓋負面情緒。於是，一個比現實情況更積極正面的形象被刻意投射了出來。然而，其他研究結果顯示，即使美國白人對黑人做出積極的態度表述，背後的情感基調也可能暗示完全相反的感覺。反過來說，一旦這樣的情況真的發生，例如反對黑人嫁入家庭的想法，高度的偏見就會被證明沒有原先預期來得嚴重。於是，我們可以得出這樣的結論：儘管對偏見的測量確實說明了輿論氛圍或多或少會導致歧視的出現，但對於歧視是否或是在多大程度上會實際發生的這個問題，卻沒有什麼答案。

社會學家，且特別是社會心理學家，多年來一直致力於研究偏見和歧視之間關係的問題。他們相信，洞察人們對少數族群偏見的種類和形式，有助於預先判斷人們將會用何種行為來對待這些群體。但最終在偏見和歧視之間沒發現有這種明確的關係。但這已經很明顯，當機會出現時（亦即，當白人與黑人發生接觸時），白人中存在的偏見就是滋養出歧視的肥沃溫床。偏見通常會激化和招惹歧視，反之亦然。舉例來說，認為黑人學生愚蠢的偏見可能會導致老師對他們的

關注減少（歧視的一種形式）。與白人學生相比，老師的關注不足以導致黑人學生「落後」於其他學生，最終成績低下。結論一：黑人學生不怎麼行。結論二是：「看吧！他們就是笨。」這種偏見和歧視之間的連結關係可以視之為一種「自我實現的預言」（self-fulfilling prophecy）。

　　如果白人把對黑人的偏見保留在自己身上，那麼種族主義的問題就只局限於白人之中。但是，認為白人應該被視為優等生而黑人是劣等生的意識形態，卻透過歧視而轉化為具體行動。

　　我們已經看到，透過直接或間接的歧視性法規條文，對少數族群的歧視最終以制度化的形式出現。然而，制度性和個人性的歧視二者都有個重要的組成部分，發生於白人和黑人的實際交往過程中。白人與來自不同族群的人實際接觸的頻率如何？

　　在荷蘭，大約95%的郊區人口是白人。在較大城市中，這一比例在80-90%之間。約55-75%的荷蘭人聲稱從未接觸過少數族群，而20-25%的人「偶爾」與他們接觸；只有10-20%的人「每天或定期」接觸有色人種公民。他們與印尼裔荷蘭人的接觸量稍高一些。不過，幾乎有一半的荷蘭人（48%）「從未」和這個群體打過任何交道。這些數字並不能區分出接觸的不同類型，例如這些接觸是發生在工作場所、學校、購物商場還是鄰居之間。

　　除了1988年的人口普查數據外，我沒有相對應的美國黑

人與白人互動統計資料。很有可能在主要的大都會地區，公共場合、工作場所或學校裡與黑人接觸的白人人數比起在荷蘭要來得多。然而，考慮到過往和如今在美國鄰里之間的種族隔離，跨種族的**長期**接觸實際上可能還不如荷蘭頻繁。

來自少數族群的人群只占人口的一小部分，而且可能分散在都市或郊區，他們各自的遭遇也自然會有所不同。雖然沒有可知的統計資料，但很明顯地他們確實每天都與白人接觸：從麵包師到郵政事務員，從同事到上司，從同學到學校校長，從電影院領班到社工和醫生。

這種與白人頻繁而大量的日常接觸，使黑人比白人更能成為專精白人怎麼對待黑人的「專家」。這種體驗的建立基礎，就是與各種不同背景白人接觸：年輕人和老年人、男人和女人、熟人和陌生人等等。

於是，在不同的情況下和不同的白人群體相處的過程中，黑人不斷意識到白人以各種方式積極地表達自身的優越感。

對黑人來說，種族主義是日常現實。在他們與白人的日常接觸中，種族主義會以多種形式出現。

術語的改變

到目前為止，我交替使用「黑人」和「族群」兩個詞。對所有曾經處於受壓迫地位和體會過種族主義經歷的不同群

體，給予一個「正確」的名稱，這本身就是一個討論。我已經說過，「種族」的概念是個神話，而我們最多能談的只有種族類型。這裡我們指的是上個世紀生物學家和生理人類學家所說的蒙古人種、高加索人種和黑人種這些「種族」的特定刻板印象。前兩個術語很快就被拋棄，取而代之的是歐洲人、美洲印第安人、美洲土著或亞洲人等地埋性族群。但奇怪的是，*neger*（黑人／Negro）一詞在荷蘭仍一直沿用至今。在如今荷蘭的報紙上，你仍然能讀到*negermisjes*和*negerkinderen*（「黑人女孩」和「兒童黑人」）的字詞用法，但卻讀不到「女性白人」（women-Caucasians）或「白人兒童」（child-Caucasians）。

在美國，白人一直被稱為「白人」（white），但來自非洲的人並不總是被稱為「黑人」（black）。非洲人跨洋越海地被帶到美洲大陸時被稱為「黑人」（Negroes）。十年後，「有色人種」（colored）這個詞被引入開始使用。隨著1960年代黑人運動的興起，又一次發生了變化。人們拒絕被稱為「尼格羅」或「有色人種」，畢竟這些術語是白人壓迫者發明的。在1960年代，黑人選擇了「黑人」（blacks）一詞來稱呼自己。最新的稱呼則是非裔美國人（Afro-American和African-American）。

用於被壓迫群體身上而不是壓迫者身上的術語不斷改變，這並不讓人感到意外。這也與這些術語的「退化」有關。「黑人」（Negro）一詞之所以被拒絕，不僅僅是因為它

是一個由「白人」炮製出來的稱呼。多年以來，這個詞幾乎成了黑人所經歷過羞辱、壓迫和種族主義的同義詞。這已經變成一個令人厭惡口出髒話的恥辱，至少如果是由白人來說出口的話。

出於同樣的原因，「客工」（英文guest worker；荷蘭語gastarbeider，德語為gastabeiter）一詞的使用也越來越少。「客工」中的「客」一詞聽起來相當憤世嫉俗，因為地中海工人（如在北歐的土耳其人和摩洛哥人）受到結構性歧視（structural discrimination）和許多偏見。所以，現在人們更喜歡說「移民工」（migrant workers）。

「黑色」這個詞的字面意思從來就不單純指涉黑色膚色。它象徵著白人意識形態的「種族純潔」對「非白人」的壓迫，而且同時把棕色、金色和米色膚色的人放進同一個類別。其實就算「白人」一詞也不代表他們的皮膚顏色就如同字面意義一樣的白色。大多數白人的膚色其實是粉紅色或淡黃色。荷蘭人傾向於稱自己為*blanke*，這個詞在他們的語言中有著無比積極的含義。請注意，南非的南非白人（Afrikaners）也自稱*blanken*。在美國，黑人這個詞一直僅用於非裔美國人（African-Americans）。在美國女權界裡的討論中有人評論說，舉例而言，儘管奇卡納人（Chicanas）和日本婦女對白人種族主義都有共同經歷而與非洲裔美國婦女有一致的團結感，但她們依舊不認同「黑人」（black）一詞。最終，她們只好開始使用「有色人種婦女」這一總稱來指代

來自被壓迫族群的婦女。

那麼，荷蘭現在的情況如何？關於術語的爭論實際上從來沒有發生過。許多荷蘭白人仍然堅持地使用著貶損詞 *neger*。然而，在黑人的社區之中這種現象正在改變。與蘇利南婦女的採訪中我們就可以明顯看出，她們中的一些人仍然使用neger（這裡譯為「黑人／Negro」）一詞，就好像荷蘭殖民者許多年前稱呼她們的那樣。其他人則輪流稱自己為「深色」（dark）、「棕色」（brown）、「黑色」（black）或是類似的描述。在出版品和其他公共媒體中，諸如「ethnic minorities」（少數族群）、「ethnic groups」（族群）、「blacks」（黑人）、「foreigners」（外國人）、「migrants」（移民）、「aliens」（外國人）、「colored people」（有色人種）或「immigrants」（移民）等用語則經常交替出現。

這裡的問題主要是政治問題。我們要怎麼樣才能找到一個既能反映種族主義的共同經歷，又能提供情感認同的名字？「少數族群」（ethnic minorities）是比起「多數族群」（ethnic majority）擁有更少權力和更少權力手段的族群體的一種政治學科上的稱呼。在荷蘭，「少數族群」一詞用於蘇利南人、土耳其人、摩鹿加人、摩洛哥人，以及其他因為出身的緣故而導致擁有較少的社會機會和權利的族群。

出於同樣的原因，舉例來說，在荷蘭的美國人或德國人不被視為少數族群。雖然他們確實也形成了一個人數上的「少數」，但從社會經濟角度來說，他們並不是一個受到壓

迫的群體。

其實，這個「少數族群」是個相當不幸的詞組，因為它意味著某些群體由於其背景的緣故而位居「少數」。因此，「少數群體」這個詞組在政治上和種族主義上意義的混淆往往是不可避免的。於是，許多人更情願說「族群體」（ethnic groups）。

「族群」一詞也會造成麻煩。當權的群體很可能以種族中心論的方法過度概化這些「族群」的文化。當權的群體之所以這樣做的部分原因是這些群體似乎是形成了一些小單元。這些群體會被統治集團定義為「不同」，因為統治集團認為自己才是標準而且「正常」。我們因此可以理解為什麼在荷蘭（在英美等國也是一樣），「族群」一詞等同於「與主流群體的文化不同」，或者甚至是「異國情調」。

至於美國的情況，我們已經討論了非非洲血統的人，如奇卡納人和日本人與在荷蘭的摩鹿加人、中國人、土耳其人或印度教徒，這些不同的族群提到「黑人」的時候他們的情緒反應的問題。以此為基礎，荷蘭的土耳其婦女報在報導1982年11月第一屆女權主義大會上討論種族主義問題時，拒絕使用「黑人」（black）和「白人」（white）兩個詞。茱莉亞・達・利瑪（Julia da Lima），一位摩鹿加女性，為《對於種族主義者來說，你不是白人，所以你不好》（*Voor racisten ben je niet wit en daarom niet goed*）中的黑人／白人術語進行了申辯。而利亞・賈杜納斯（Lya Jadunath）和其他人在

《倫敦的黑人：迎新旅程報告》（*Zwarte mensen in Londen: Verslag van een orientationereis*）中也做了一樣的事。

更具包容性的術語，如「foreigners」（外國人）或「migrants」（移民），從字面上看是將這個群體從本來適用於公民的權利中排除，這意味著他們只是暫時性地停留在該國。「aliens」（外國人）這個詞有相當的醫學臨床意味；它也不區分各種不同出身的人。例如在荷蘭的美國人和土耳其人的後裔都不是純正荷蘭人，但這些群體在社會上的地位都截然不同。

令人更加困惑的是，在美國，「aliens」指的是非公民。

在稍早的荷蘭學術出版品中，我使用了*gekleurd*這個詞，它是「有色的」（of color）這個詞的一個不太好的翻譯。當時我覺得說人「有色的」聽起來很奇怪。然而，這個詞與英國／美國的「colored」（有色的／上了顏色的）不同，後者相當於荷蘭語和南非荷蘭語（Afrikaans）中的*kleurling*。但考慮到南非白人一方面總是說「黑人」（blacks），而另一方面又說混血血緣的人是「有色人種」（英語coloreds／荷蘭語kleulmgen），這個用法最後在政治性的討論中被我放棄了，這理當如此。

諸如「黑人」、「有色人種」和「民族（少數）族群」等詞語將在本書中混合在一起。事實上，若進一步擴展語言，我發現像「多色彩的」（colorful，相對於白色或無色）這樣的名稱也非常別致優美。

「名字裡能有什麼？」確實如此。當白人（黑人也一樣！）談論起一個「呃……黑人」或者「呃……黑女人」或「呃……土耳其人，但她可能是摩洛哥人」等等，他們就好像突然變得反反覆覆的結巴，就不禁讓人三思再三思。因為一小部分的人竭力想成為「純白」（pure white）的人，使得世界上絕大多數人得稱自己為「黑人」，其背後的「邏輯」確實引人深思。

日常生活中的種族主義

在前一節中，我們區分了文化性、制度性和個人性的種族主義。這些不同類別但相互關聯的種族主義在很大程度上決定了有色人種在社會中的社會地位和經歷。為了進一步深入理解在黑人的經歷中種族主義的意涵，我現在引出日常生活中的種族主義這個概念。這裡我所說的是指少數族群在與更強大的（白人）族群成員的日常接觸中，所經歷到的各種類型和各種表現形式的種族主義。由此，從有色人種的視角看來，並由那些經歷過這種種族主義的人定義而言，日常生活中的種族主義就是種族主義。

對日常種族主義機制的研究很少。其中一個原因或許是大多數研究人員都是白人，不會把種族主義作為他們的主要研究問題。

許多研究人員不承認種族主義確實是一個問題，或者在

與他們「研究」的族群的訪談中回避了這個議題。此外，黑人經常表示，與白人談論種族主義並不容易，因為白人並不「真正理解」。由於許多白人研究者缺乏對種族主義經歷的真正洞察，黑人的受研究者經常發現自己得面對白人研究者的防禦態度。還有，黑人經常覺得對研究者的白人同行表達批評是不禮貌或不厚道的，而如果在研究的過程卜提起白人的種族主義，最終就會發生這種情況。

　　另一種可能的解釋與如何對抗種族主義的理論有關。特別是在1960和1970年代，人們片面地認為，如果白人能更好地了解民族族群的規範、價值觀和生活方式，偏見和歧視就會消失。這裡的誤解是認為種族主義純粹是白人對族群的錯誤認知所導致的結果。現在應該清楚的是，儘管錯誤認知之於種族主義有催化作用，但不能將其視為癥結所在。然而，更好地傳播資訊的想法於是開始流行起來。美國和英國的社會學家都對「種族問題」展開了全面的研究：他們檢視族群的規範、價值觀、興趣、習俗、宗教、文化和日常生活方式。

　　在荷蘭也能觀察到類似的趨勢。1983年《關於少數群體的政策文件摘要》裡敘述的荷蘭「少數群體」政策也是基於一種錯誤的假設，即認為要減少偏見就應該向社會大眾提供關於「少數群體」「更好」的資訊，而不是教育大眾去認識偏見本身和種族主義如何在社會中運作。（我在上文中提到了偏見的頑固程度及其社會歷史的基礎。）參加民族文化活

動，並且承認少數民族有諸多方式能豐富社會，這本身當然是一件積極的事情。但白人必須對此保持開放態度。認為白人文化優於一切的想法，也就是種族主義，對這種開放態度是拒絕的。因此，只靠資訊的傳播就能從根本上打擊種族主義，就是一廂情願的信念而已──除非這種資訊能把種族主義的問題有效而且清楚地暴露出來。

把自己只局限在「族群」和族群「本質」的學術研究之內所帶來的巨大危險是，這些學術資訊可能被濫用在以文化決定論去解釋壓迫的由來。

如果不認為種族主義和歧視被視為造成大量黑白不平等現象的根本原因，那麼援引民族族群的社會文化因素本身或許只能「證明」這些群體之所以處於當下的處境只能怪自己。這是科學性種族主義（scientific racism）的一種形式，也被稱為「歸罪於受害者」（blaming the victim）。莫伊尼漢（Moynihan）的報告（1965）就是一個惡名昭彰的例子，該報告透過所謂的不完整家庭結構以及特別是黑人婦女在家庭中的角色地位，解釋了美國黑人受壓迫的處境。令人感到饒有意味而值得注意的是，比起經過「調整」後的黑人中產階級家庭，文學作品總是對黑人工人階級家庭的「不正常」的家庭結構表現出更多興趣。

當種族主義以公開直接的方式被表達出來時，我們最容易將它認清楚。經驗表明，在白人在與黑人接觸時，往往會自覺或不自覺地隱藏自己的種族主義意圖。這會使得黑人很

難在特定情況下指出他們所遭遇到的歧視性待遇。同樣地，對日常互動中發生的種族主義現象的研究也是一項艱鉅的任務。因而，關於種族主義的大部分研究都被限制在研究最明顯的歧視行為。例如，研究人員已經在求職過程和住房分配方面發現存在著歧視。但是受研究者在接下來的一天中還發生了什麼事——不論在工作中、在社區鄰里間，或者在建築物的樓梯間裡——依舊沒有被探索。這些每天不斷重複的羞辱經歷可能極其令人厭惡，而且對黑人足以造成深遠的影響。

在美國，相較於對黑人公開仇恨和歧視的那段歷史時期——也就是黑人獲得平等公民權利的1964年之前——往後的種族主義變得日益隱蔽。隱性的種族主義被稱為美國的「現代」種族主義。從某種意義上說，與美國的隱性種族主義相比，荷蘭的種族主義變得更加公開和浮濫；但在荷蘭這裡長期的趨勢似乎也是試圖去掩蓋住偏見和歧視。因此，例如，一個荷蘭人會說：「那些人在他們自己的國家還是會比較幸福」，而不是「他們哪裡來的就應該滾回哪裡」。（也請注意到「那些人」這個常被用於指稱少數族群的詞語中固有的拆離和疏遠意味。）

隱性的種族主義要求黑人得仔細檢視白人的行為，保持目光敏銳。

隱性的種族主義並不真的意味著潛在的種族主義情緒是刻意隱瞞的。在一個種族主義社會裡，公共道德和公認的規

範實際上可能會譴責種族主義。但是白人優越感和排斥黑人的這些概念已經被確立到一定程度，使它們已不再是例外，而是變得「正常」。從有色人種的角度來看，種族主義的存在有可能意識得到，並透過各種觀察和洞悉，從而使它的存在幾乎能體會得到。但即便如此，因為種族主義的行徑通常都會被否認，所以也很難提出任何具體的指控。「我說的不是那個意思」是一個標準的回答，反映了這種否認。

英國對黑人求職者的種族歧視進行了大量而廣泛的研究，結果顯示了這一議題。有人指出，在公司內部「職位晉升方面出現歧視的真實程度可能與招聘中產生歧視的程度一樣巨大，但這些歧視沒有辦法透過客觀測試來評估，因為發生在組織內部的事情是控制不了的」。

這本身就指出了一個根本性的問題：我們很難「客觀地」確認白人和黑人之間日常交往的本質。雖然研究人員強調了要發展出一套了解種族主義的科學辦法的重要性——特別是細微難辨的種族主義，但試圖去描述這些微妙的偏見和歧視的嘗試並不多見。各種研究已經表明，那些飽受歧視的人似乎比那些歧視的人對歧視的機制有更多洞察力。這個相當寬泛的結論證實了這樣一個觀點，即黑人透過與白人大量而廣泛的接觸，對種族主義有一定的專門知識。與之相反，白人卻往往很少意識到自己的態度和行為中的種族主義。

黑人也可能「意識不到」他們所經歷的種族主義。（荷蘭的情況比美國的情況更是如此，儘管美國取得了相當大的

進展，但這種情況仍然會發生。）首先第一步是要能意識到你受到白人的敵意、不友好、屈尊或過激的對待。下一步往往非常困難，就是要把你的膚色或族群血統而來的一切與種族主義聯繫起來。

　　人們非常有可能會認為「一定就是你主動挑起事端的」。這種反應是一種對於來自他人粗魯對待和辱罵的天然不信任。當然，如果你的家人、朋友、同學或同事都沒有受過被歧視的困擾，而當歧視出現，你就很難能確認自己受到了歧視，這在荷蘭也是一樣。沒有人談論種族主義──而如果你這樣做了，人們會指責你「亮出你的髒衣服」。

　　考慮這樣經常出現的一個令人混淆的觀點是很有啟發性的：**被**歧視和**感到被**歧視其實是一樣的。這意味著，如果你拒絕感到被歧視，歧視就不存在。如果你感覺不到歧視，那麼根據這個邏輯，你就不必為此所苦。畢竟，受苦於被歧視，就像有毛病，而有毛病的人可以被看作是無能為力的人。很明顯地，當人們認為有過被歧視的經歷就是個人軟弱（即有毛病）的表現，他們就會試圖去壓制這種意識然後假裝沒有什麼怪事發生，一切正常。這種態度經常被表達成：「如果你開始注意到這些各式各樣的歧視，你不過只是在給自己找麻煩。你必須克服它。」

　　然而，對種族主義保持緘默並不能使它消失。日常生活中的種族歧視不是黑人的個人問題。這是一個巨大的社會問題。因此，想要「超越它」只能意味著**不斷地**引起人們對種

131

族主義的關注和挑戰。

為何本書中開誠布公的只有黑人女性

在本書中我選用了黑人女性的意見和觀察來研究種族主義，因為她們在這個議題上很少被諮詢。黑人女性經驗的研究與近來女性研究領域的發展息息相關（註釋裡提供了一份簡明的研究清單）。因為這些女性有各種壓迫的體驗而她們對這類研究抱有政治興趣，有色人種女性可以向女性壓迫的研究和女性主義提供重要而更細微的理論性內容。

進一步地說，她們的經驗揭露出白人女性的種族主義其實非常雷同於白人女性自己也苦苦掙扎的性別歧視。

從這個觀點看來，白人女性其實可以從黑人女性那裡認清和學習到經驗和領悟。在一份荷蘭高校做出的獨特的族群自我中心主義研究中，我們發現白人女孩比起白人男孩表達出較少的族群自我中心的看法。其研究者歸結於女孩們自己的「解放掙扎」（emancipation struggles）教導她們要對其他民族族群在相同事情上保持比較開放的態度。與之相反，男孩們要同時面對的是那些女孩的新女權主義意識，和有色人種公民的公民權利意識和行動。白人男孩（男性）因此意識到他們作為**男性**和作為**白人**的特權地位——正向的歧視——正要遭受攻擊。

雖然歷史已經證明不同形式的壓迫會彼此強化，這不代

表一個受到壓迫的群體就會體認到另一個也受到壓迫的群體。都作為受壓迫群體，就好像美國歷史展示的那樣，白人女性常常在**政治**地位上與黑人團結在一起。不過這不表示白人女性在與黑人女性的**日常接觸**中就是反種族主義的（anti-racist），也不代表她們曾經打算要這麼做。作為她們的性別歧視經驗的結果，一個常見的共識就是女性比起男性更願意去抵抗種族主義，這樣的共識其實並不可全信。還有，如果是有關與他們個人生活比較無關的事務，人們更傾向對事物保有均等主義態度（egalitarian attitudes）。因此不論是在荷蘭、英國或是美國的白人雖然會大聲討論或宣告抗爭在南非實行的種族隔離政策（apartheid），但當他們與自己國內黑人接觸的時候，未必就是反種族主義的。

　　黑人女性面對的壓迫來自於她們的性別（性別歧視）、她們種族／族群出身（種族主義）還有——最糟糕的——她們的社會階級（階級主義）。這三種形式的壓迫聚焦在黑人女性的經驗之上。因為黑人女性不可能被劃分成「黑皮膚的」、「女性的」和「經濟被壓榨的」三個群體。作為同時是女性和黑人，她們可能會遇上性別歧視的許多形式——和白人女性會遇上的更為不同，或是即便相同但程度上會更為惡劣。因為她們不只是黑人，還是女性，她們可能會遇上的種族主義有許多形式，和黑人男性遇上的更為不同。還有，她們和白人男性的互動中，她們面對的種族主義有可能與性別歧視緊密地捆綁在一起。

　　在本書中，一些女性會坦承社會階級和性別在她們日常
生活中所造成的影響。其他女性則忽視這些影響。然而，她
們全部都在自己的故事中暴露無所不在的種族主義，不論是
她們親身經驗還是透過她們與其他黑人的認同來體會。在接
下來的兩章之中會談到並分析這些日常現實。

日常生活中的種族主義
一個全球的挑戰

雖然黑人女性的處境極其複雜，不可能只依賴種族主義的因素就能解釋得清楚，她們所體驗到的日常過程組成了她們人生處境的主要部分。我嘗試專注在她們的**真實體會**，提出什麼**才是**日常生活中的種族主義，而不是用這個研究管道進行意義的討論來與種族主義**戰鬥**。它本身就是一項研究。它最重要的前提就是一個與日常過程緊密結合的問題——它既與體制脈絡互動，又處於非公開的社群處境之中，而且還透過立法者、媒體、學校教科書和文藝表達來獲得確認和傳播——因此需要在社會系統的各個層面上同時發起攻擊。換句話說，對於種族主義的抗爭需要整合進種族主義的進程之中，就如同種族主義在一代傳一代的過程間彌漫一樣。

日常生活中的種族主義包含在生活中能產生種族不平等的一切處境、態度以及風俗。日常種族主義的概念於是同時包含了體制和個人兩個層面的操作。

日常種族主義的經驗是個累積的過程。新的處境可以從個人對於種族主義經驗的親身觀點、他人的種族主義經驗，以及關於種族主義問題的通盤或抽象性知識三方面來陳述。

135

　　如今社會裡的種族主義遍地盛行。在與白人的普通接觸中就能體驗到：同事、同學、老師、鄰居、店員、客戶等等。當白人給有色人種貼上低下的標籤，嘗試避開與他們有特定種類的社會接觸，還有把他們當作敵視、仇恨和冒犯的對象標靶，這種事情就一而再、再而三地發生。

　　種族主義往往口語上就可以達成。這在直接針對某個民族群體的對話或是評論裡就很明顯。蘇利南女性常常面對這種種族虐待，例如讓她們滾回自己老家的這種言論，還有各地黑人聽到關於他們基本「性格」的言語偏見。在有黑人在場的情況下，白人常常也能毫不掩飾地交換種族歧視的意見和觀點。

　　作為美國大規模反歧視立法之下的副產品，種族主義從1960年代開始就變得越來越微妙了。在荷蘭，這種微妙的種族主義則開始變得暴力而又外顯。但我們還沒有看到對於種族歧視在有效政策面採取立法動作的一絲曙光。儘管黑人的失業率高達40-60％，荷蘭政府卻不願意為平權運動政策背書。具體的《平等待遇法》（Law for Equal Treatment）到了1994年才通過。

　　在美國和荷蘭的種族主義都立基於白人至上的意識形態。而種族主義主要特別發生在中低階層白人社群的這種說法，則完全找不到證據。根據受過較高教育的蘇利南和非裔美國人女性的說法，有證據可以證明種族主義也發生在富有的社群之中，而且教師和教授也會發表種族主義言論，只不

過他們有他們自己的方式。有些女性甚至相信她們**特別**能夠從富人和高級知識分子那裡體驗到種族主義。

　　日常生活中的種族主義是從多種處境都能感受到的各種歧視和偏見所構成的連續性併發症。由這些女性的經驗為基礎，日常種族主義的特徵和影響變得如此明顯：

　　日常生活中的種族主義由和白人共處一個社會裡的有色人種他們的生存之道來界定。

　　日常生活中的種族主義是一種身處種族歧視環境裡的體驗。亦即，這由許許多多看似「瑣碎」或甚至「正常」的一連串事件所構成表達。

　　日常生活中的種族主義暗指有色人種有可能每天都經歷了種族主義的對待。作為結果，有色人種有系統地學習到如何觀察白人的行為。他們發展出判斷白人如何對待他們的本領。他們也看穿了白人至上的幻想和有色人種更為低下的意識形態。他們每天都有機會測試他們的洞察力，因為他們每一天都得和各式各樣的白人打交道。

　　日常生活中的種族主義可以是持續緊張的根源。這意味著和白人打交道的過程中有色人種得對每件事都永遠高度警覺。

　　日常生活中的種族主義並不是要將白人對你客客氣氣、對你以禮相待、公正地評價你或是認真對待你當作理所當然。白人在他們的生命裡視為理所當然的一些權利、尊敬和認知，在有色人種這裡都是被否定的。

　　日常生活中的種族主義由不斷一再發生、有跡可尋的歧視和偏見所構成。種族／民族歧視發生於學校、麵包店、工作場合或房產市場。這也凸顯出種族主義的意識形態基礎和這樣的事實：這不是個人而是群體的現象。

　　日常生活中的種族主義往往是隱秘微妙而且看起來捉摸不定。它通常看起來都是一些意外而瑣碎的不公平。這些「細微」的種族主義實在發生太頻繁，所以人們開始壓抑對這些意外事件的意識。結果，當黑人討論種族主義，典型的回應就是：「事實上這也發生在我身上。它是有點不同，但基本上就是一回事兒，但現在你倒是把它說出來了。」然而這個隱蔽的種族主義有著嚴重的後果。它可以意味著被強迫離職，或被迫在完成學業之前離開學校。

　　日常生活中的種族主義在許多狀況下意味著白人自動會幫白人，只要歧視能對他們有利他們就會歧視。歷史和現實——對於某事是好或壞的判斷，或甚至只要是重要的任何判斷——都由白人觀點來定義。這在教育和媒體兩方面特別明顯。

　　日常生活中的種族主義驅使有色人種和白人相處的時候也變得種族主義，暫且不論在任何情況下他們是否真的被歧視了。

　　體驗日常生活中的種族主義意味著反反覆覆、苦心積慮地查證和思索是否在現下的處境中出現了偏見和歧視。

　　換句話說，黑人在判斷出一件事是種族主義之前得小心

翼翼地分辨。而見到比實際存在「更多」的種族主義，對黑人來說沒有任何好處。

　　日常生活中的種族主義的一個對應真相就是有大批的白人不接受黑人對於種族主義的看法。黑人對於種族主義的看法，來自一再被驗證的親身經歷，常常被當成「主觀的」所以不可信。而這裡真正發生的事實就是黑人對於這種處境的看法沒有被嚴肅對待。還有，如果一個白人向她／他們自己白人指出種族主義真的存在，他們對那個人的憤怒和冒犯就會非常之大。任何與黑人團結在一起的白人都會被當作叛徒。

　　對日常生活中的種族主義的感受可以歸結為「接受」或「忍受」這些事情但絕不能抗議。面對他們「超級敏感」這樣的論調，黑人常常感到無話可說。還有，白人往往感覺不出來他們自己的種族主義，或乾脆完全否認。這導致一個結果，如果黑人提出種族主義這個本來秘而不宣的話題，就得戰戰兢兢如履薄冰。

　　與種族主義的威脅共存意味著在生命中的幾乎每一天裡都要計畫如何避開歧視，或是保護自己。因此，當一個人拒絕接受種族主義，事實上就可以斷言她／他會常常被譴責成「激進的」、「敵意的」。

　　日常生活中的種族主義並不局限於嚴格意義上的個人經驗。有色人種也會受到針對其他人的種族主義的影響。當有人用這句話來防衛，「我說的不是你」，他們恰巧強調出種

族主義的**本質**，而不是從中為自己開脫。因為種族主義從來不會把黑人當作個人——而是整個群體——並且把黑人當作「他者」來反對。

跨越篇

加州大學人文科學研究所所長
高德維（David Theo Goldberg）

種族比較，關聯式種族主義
方法論上的一些思考

　　現下最好的例子就是白人研究（Bulmer & Solomos,
2008）：只需想想它在過去20年間在美國、英國、加拿大、
澳洲、南非，以及近來在歐洲各國的出現。愛爾蘭人、猶
太人、義大利人、東歐人，工人階級或是類似的印度人
（Hindu）、敘利亞人、黎巴嫩人或是（在荷蘭的）印尼人，
他們如何變得越來越「白」這件事越來越貼合當地的相關律
法或是政治歷史敘事。或許之所以如此，正是因為每一處的
歷史和發展狀態各自不同，其中與「變白」相關的狀態和優
越性也因此有所「加分」或被否認，在很大程度上這要取決
於地點和方式的差異。但白人研究只不過代表了長久以來和
種族議題相關的思維糾纏。

　　由此得出的結論是，當學術研究者尋求一個更大的論述
框架來看待種族和種族主義的時候——可以說，這二者都處
在各自的獨特性中——他們會依賴於方法論上的比較法。他
們尋求比較不同的國家經驗的歷史，而這些經驗在很大程度
上被認為是彼此無關的。這些比較往往把那些被認為表現出
最極端而又極端不同的國家種族主義（state racism）模式的

國家特別地放在一起進行比較。

這些比較種族主義的主流例子被認為是可以指證，它們的差異並不像最初想像的如此極端；或者它們有可能試探性地指出，以國家為單位做出的種族主義研究的模型數量其實很有限。所以，美國和南非總是再三地被放在一起展示它們的相似之處：塞爾（Cell, 1982）研究了它們種族隔離的歷史；馬賽和鄧通（Massey and Denton, 1998）則研究美國的種族隔離政策等等。甚至巴西也被並置在一起來進行比較，用以顯示它們之間相較明確的差異與共通之處，正如皮耶‧凡‧登‧卑爾傑（Pierre van den Berghe, 1967）到卡爾‧德格勒爾（Carl Degler, 1971），還有近來安東尼‧馬爾克斯（Anthony Marx, 1998）的研究。如今，許多研究已經轉向於關注南非的種族隔離政策，因為這樣的比較恰恰能指出以色列對於巴勒斯坦人民的壓迫背後的結構（Glaser, 2003; Davis, 2004; Carter, 2006）。

這些研究的用處毫無疑問，就是顯示出相似性和相異性，然後讓人注意到從一個國家到另一個國家的種族統治思想如何相合和分歧，而種族意識如何成形和發展，這樣的意識所做的工作、所展示的權力、它所影響國家意識的形塑等等。由此，在種族和種族主義的批判性研究的發展過程中，考量在地的獨特性就變得非常重要，甚至是正中核心的。考慮到政治、經濟、社會、文化和法律生活的結構，在地的情況大體上在整個國家乃至更地方一級的整個現代化過程中都

被管制住了。

　　然而，建立在地理不相連性的假定模型上，這種比較主義框架建立在無法討論而又簡化了的文化、社會政治和法律獨特性的基礎上，而且與戰後區域研究的結構假設（structuring assumptions）有著深刻的聯繫（Spivak, 2003, pp. 2-3）。

　　它可能揭露了多少就隱藏了多少。有些敘述因為受限於這些相對地方主義（relative localism）框架，似乎錯過了理解種族意義和種族主義狀況所有複雜性的一個關鍵面相。

　　從理論層面來說，關於種族和種族主義的批判性工作可以追溯到杜‧博阿（W. E. B. du Bois）、魯斯‧班尼迪克（Ruth Benedict）、奧利佛‧寇克斯（Oliver Cromwell Cox）、法蘭茲‧法農（Frantz Fanon）、亞伯特‧梅米（Albert Memmi）、讓-保羅‧沙特（Jean-Paul Sartre）、漢娜‧阿倫特（Hannah Arendt）、愛德華‧薩義德（Edward Said）和史都華‧霍爾（Stuart Hall）。他們與其他人一起共同創造了一種不同於比較主義的分析方法。我將之稱為反傾向關聯和互動式（counter-disposition relational and interactive），而不是分離的比較式。值得注意的是，所有使用這種方式研究者的分析工作都源於結構性地將種族觀念和種族主義表達與殖民地條件聯繫起來。

　　這並不是說我們只能將種族主義化約歸結為與殖民地的服從和鎮壓、秩序和治理的某種狹隘聯繫。但是，殖民主義

的觀點、利益、傾向和安排決定了基調和條件，決定了其構想和思考的框架，以及決定了參與或疏遠、剝削或治理、接納和管理那些被認為在種族歸屬上與眾不同之人的可能性範圍——並且與之相關的是，對於那些被認為在種族上屬於主導地位的人，給予提攜和特權。

種族觀念和種族主義實踐是互相關聯性的（*relational*）。因此，只有當結構性地關聯性視角被整合到不僅在論述中，而且就處在論述的中心位置時，它們才會被完全理解。這些概念和理解以及制度性部署（institutional arrangements）和排除性表達（exclusionary expressions）無疑在它們所表現出的確切含義和共鳴以及它們最終產生的影響和含義方面都具有深刻的地方性。然而，這些地方性的共鳴幾乎總是與域外和跨領土的概念和表達聯繫在一起，這些概念和表達在更廣泛的意義和實踐圈子中流傳。

本地的文化表達可以促進和其他地方的文化互動表達，或是被這種文化互動所驅動。這些文化互動透過旅行者、商業、管理思想、郵件和媒體（報紙、書籍、漫畫、雜誌、期刊、布道、講座、廣播和電視節目等），來來往往。詞語四處流傳，實踐被塑造然後消失，它們只有在被證明更有利於表達的環境中才會被採用和完善。來自一個地方的想法和實踐與在其他地方得到嘗試和測試的條件和表達方式彼此相互作用。

比較主義式的分析或許可以使人指出一個地方——即一

個民族國家──的思想和實踐所具有的意義、細微差別、濾鏡「色彩」或影響，是如何不同於其他地方的表達。但它未能解釋壓制性種族思想（repressive racial ideas）與排外性或羞辱性種族主義實踐之間橫跨時空維度的互動關係，這種互動關係不受國家邊界的劃分推定的限制。

　　事實上，比較主義式的論述只把關聯性（the relational）作為被比較狀態的觀察結果來關注，在很大程度上沒有從歷史層面和表現層面的各種可能性來考慮關聯之中各個元素的構成條件。如同種族和種族主義（racisms）在各地當地交織、共振、影響，它們也、而且至少同樣重要地，在全球範圍內散布、相互作用這些關聯性的狀態。

　　在《族群和種族研究》（*Ethnic and Racial Studies*）最近的一篇討論文章中，弗蘭克・狄科特（Frank Dikötter）看起來似乎企圖發展一種類似關聯性論述的說法，至少乍看之下是這樣。他駁斥了對種族主義的標準論述，該論述認為種族主義「是一種統一的現象，就好像它的起源、原因、意義和影響只有一種普遍的形式」。相比之下，他堅持認為，種族主義不是「固定或靜態的實體」，而是「互動的」（interactive），將「挪用、差別使用和重新指定含義作為理解種族主義世界觀在歐洲以外世界其他地區迅速蔓延的關鍵」。（Dikötter, 2008, p. 1482）

　　狄科特至少指出了正確的方向。雖然起步不錯，但是他剎那之間似乎就在岔路口選了條通往死胡同的路。他的論述

因為承認在歐洲以外的地區——如日本、中國和西非部分地區——其種族主義表達有其獨特的國家傳統，而陷入了困境之中。狄科特的觀點非但沒有提供一個強有力的關聯性論述，反而是一種關於已經形成的獨立國家結構的「互動論」（interactionism），這恰恰相反地表明了他聲稱要拒絕的那種種族主義的普世性（universalism）。他總結說：「世界各大洲的人們對人的外表表現出了濃厚的興趣，很可能會按照某種種族分類來劃分人們，『白人』和『黑人』作為兩種膚色極端，這種分類方式現在幾乎每個地方都在採用。」他甚至給這本書起了個名字：「全球種族化」（The racialization of the globe），然後討論了「從拉丁美洲到東亞」的全球種族化（Dikötter, 2008, p. 1494）。

相比之下，我所倡議的關聯式論述（the relational account）忽略了種族歸化（racial naturalization）的普遍化是否必然會導致發現從拉丁美洲到東亞反覆出現的膚色偏見。相比之下，種族關係啟動了兩種互動式的主張。狄科特粗略地認識到了第一種，但沒有繼續發展它而且忽視了它的含義。

首先，一個地方的種族觀念、意義、排外性和壓制性的做法受到其他地方的影響、形塑和滋養。種族思想和其部署在既有政治機構之間傳播、跨越國界，或支持現有的或促成新的種族思想和部署。來自其他地方的思想和實踐會被當地化；這些看似更像是在地本土生長的地方性實踐，其發展譜

系之中的一部分至少不會僅僅局限於當地。當地人對於觀念的援引和應用可以提供一種特定的音調和色彩，造成這些地方性實踐獨特的聲音和風格。

它以特定的方式讓種族表達和種族主義部署得以**發聲**。但是，儘管口音可能是獨特的，語義內容甚至句法也可能是獨特的，但它們的影響和含義往往卻不是。

誰算「黑人」而誰又算「白人」，這在不同的地方是不同的，這些名稱和名稱使用脈絡的具體含義也隨之不同。儘管如此，總的來說，它們之間的關聯性狀態（relational conditions）──作為彼此的概念，以及在任何地方使用的這些概念的語用學──強烈地表明，一旦獲得指涉和確認，那麼不論是得到或是被剝奪特權，或不論是有權力或受威脅，這些狀態都將會適用、生存。

第二，不論何處，任何地方的種族主義管制不同程度上都或多或少得取決於其他地方的種族主義實踐。一旦缺少了其他地方的種族主義制度化（racist institutionalization），當地的種族主義言論，如果不是有意如此，肯定不會有很多的共鳴和影響，如果不是因此整個變得（完全）沒有意義的話。在「這裡」的種族思想和種族主義從「他方」得到支援，無論是作為一種象徵性的還是實質性的支援，都維持和擴大了影響。簡而言之，與其說被特色化為全球的種族化（racialization of the globe），不如說是種族的全球化（*globalization of the racial*）。

149

　　種族的全球化的前提是建立在這樣的一種理解上，即種族思想及其共鳴是歐洲對全世界的發現之旅中乘船而傳播開來的，然後輸入到殖民化和帝國擴張的影響區之中。種族秩序、種族制度化部署和種族控制是殖民統治和控制的關鍵工具。正如伯納德・科恩（Bernard Cohn, 1996）長期以來所主張的那樣，殖民地一旦被定位為適合日常生活條件的地方，反過來又成為國家實驗的場所，大都會階級統治下的實驗室，實驗著如何維護秩序，演習著統治階級生活中的親密感和道德（Stoler, 2002, 2006）。多股種族統治思想（racial governmentality）滲入，就像殖民地管理者的行李和帝國壓迫殖民統治的「回歸」一樣被重新進口，這些種族統治思想即使沒有控制著殖民地，但也控制著大都市市民的想像。透過延伸和聯繫、預置和設計等各種手段，而且如果能伴隨地方特色的話，外頭的種族主義者進到本國來塑造本地的統治模式。科恩堅持認為「大都市和殖民地必須放在一個單一的分析領域來觀察」（the metropole and colony have to be seen in a unitary field of analysis）（1996, p. 4）。我再推而廣之地強調，這個單一的分析領域，即使有所差異且非同質性，也是非常具有關聯性的。

　　因此，關聯性論述揭示了一些其他手段無法理解的東西。它標誌著國家的形成或歷史，壓迫和剝削的邏輯是如何聯繫在一起的，無論他們的關係是因果的還是象徵性的、思想上還是語義上的。比較主義式論述承諾透過類比來揭示；

而關聯性論述則透過指出歷史、政治或經濟、法律或文化聯繫──也就是一個作用於另外一個──的結果是如何產生而揭示出來。

比較主義式論述可能會選擇兩個地方來比較種族概念的或生產的有序關係。關聯性分析則將強調關聯性的（再）生產及其相互作用和強化的影響。比較主義式論述找出反差然後比較。關聯性論述則是去產生連結。

例如，一篇將當代以色列與種族隔離南非相比較的報導，旨在告訴我們以色列對待巴勒斯坦人的方式就類似於南非種族隔離時期白人對待黑人的態度。這樣的比較有助於維持這樣一種暗示，即對種族隔離的南非採取同樣的應對措施──例如經濟制裁和文化抵制──在以色列的情況下可能是恰當的。這篇報導透過這些類比聯繫的相似之處和含義讓讀者得出這樣的觀點。

但是，這種論述可以掩蓋的和它所揭示的一樣多，因為它試圖透過忽略區別來建立相似性。因此，儘管巴勒斯坦的領土看起來像是班圖斯坦或祖國（Homelands，班圖斯坦的別稱），但在某些方面也不完全像它們。祖國對待白人統治的南非一直有意地提供勞動力，而巴勒斯坦的這些領土則不再打算向以色列那麼做。南非的種族隔離（apartheid）是類似於形式化的種族隔離（formalized *segregation*），而就約翰・霍普・富蘭克林（John Hope Franklin）在談到他在美國南部長大的經歷時所做的區分來說（Franklin, 2009

〔1990〕），當代的以色列似乎在經濟和社會上堅持或多或少絕對化的種族隔離（absolutized *separation*）。

確切地說，這讓班圖斯坦這類的被占領土無視西岸（West Bank）和加沙（Gaza）之間的區別。前者現在類似於一個殖民地，有的只是一些定居者；加沙更像是一個戒備森嚴、壓迫性很強的集中營或監獄營地。加沙的穆斯林距離淪為奧斯威辛集中營（Auschwitz）中的穆塞爾馬人（Musselmänner）其實已經不遙遠，儘管有些人可能會發現這種聯繫其實有些尷尬（Agamben, 2002; Goldberg, 2009）。

以色列絕大多數的支持者——那些針對以色列的批評者的尖銳評論家——發現回應比較主義式論述比回應關聯性論述更容易。反對比較主義式論述只需要指出一些不能類比的事務（disanalogies）：例如，在巴勒斯坦的以色列人擁有猶太裔以色列人所擁有的許多權利（當然，他們並不享有平等的權利，這一點常常以安全的名義迴避不談）；他們可以在以色列議會（Knesset）代表選舉投票；他們可以擁有財產等等。通常，人們的回應帶著「你怎麼敢這樣比較」的憤慨：就算以色列的存在受到了威脅，以色列也絕不可能像種族隔離的南非那樣，而南非從未受過這樣的威脅，那就更不用說納粹德國了；猶太人受制於納粹滅絕天使（the exterminating angel of Nazi）最終解決方案的影響——這顯然是另一個上下文脈絡化的可比較點——而以色列只是在捍衛自己免受滅絕天使的（再次）侵害。

　　這種對反比較主義者偏愛的證據基於一個這樣的事實，即以色列的這些支持者將試圖將關聯性評論家（relational critics）的言論簡化成比較主義式的說法。一些關聯性主義者（relationalists）會援引以色列自己的軍官的例子，敦促對傑寧（Jenin）這樣的巴勒斯坦難民營的控制在戰術上應該效仿或借鑑納粹對華沙猶人人區（Warsaw Ghetto）的鉗制。長期以來，有其他人指出，實行種族隔離的南非對以色列的支持，無論是軍事上還是經濟上的支持，都是為了回應以色列願意與種族隔離國家結盟的意願，並責備非洲民族議會（The African National Congress）（譯註：南非目前最大的政黨，簡稱非國大或ANC）長此以往對巴勒斯坦立場的支持。這裡的關聯性主義者特別關注於揭示新的陣營如何看待舊的鎮壓模式，這些舊模式曾獲取了控制和統治的資源，並將新的情況與其他地方久經考驗測試的過往經歷聯繫起來，無論它們之間是否有「譜系」般的聯繫。他們的那些親近以色列的評論家會驚恐地做出反應，譴責他們將受害者（以色列人、猶太人）與邪惡的滅絕者和大種族主義者（arch-racists）進行比較。你們的膽子可真是不小！

　　因此，對於關聯性論述而言，特異性（specificity）很重要——相關微觀細節的考慮揭示出了需要說明的條件——且需要加以解釋。而對於比較主義者來說，廣義的論調似乎更有可能揭示出什麼。如果後者強調印象的作用，則前者的揭示手段則是展示一個地方的運動是如何因為另一個地方的衝

153

擊而受到波動，以及多種社會結構如何在另一個地方被一次性吸收並發揮作用的。

這裡的比較點，不僅僅只是在乎加沙（Gaza）**像**或不像（根據個人觀點的差異）華沙猶太區。與之相反，據紀錄，以色列軍官明確援引華沙猶太人區作為思考如何規範巴勒斯坦難民營的樣板，這就表明華沙猶太人區確實提供了一個樣分。這是一個實驗，表明後來的壓迫政權鎮壓人民時就採取了這樣的過程，以壓制一個被認為是危險和可犧牲的族裔身分人口群體，就像20世紀初英國和德國在非洲的集中營一樣——例如，在盎格魯-波耳戰爭（Anglo-Boer War）期間英國營地囚禁波耳人敵軍，或者德國人在德屬西南非洲圍捕赫雷羅人（Herero）一樣，一開始是為了剝削他們的勞動力，然後將其消滅——差不多半個世紀後，這種實驗成為納粹的榜樣（參見Gilroy, 2000）。

比較主義者的方法論傾向不太可能揭示出這種聯繫，也不能揭示出這種聯繫在協助產生出壓迫和控制技術這些方面的效力和生產力。或者，就算這些方法論能辦得到，充其量那也只能是作為事實發生之後的歸納推斷，從而間接地揭示，而不涉及其背後的結構性連結關係。故而，這只能從關聯性上來建構和理解。

正如我所說，比較是從狀態的參數——被綁定的參考點（bounded reference points）——由內向外生成的。當然，在這些參數範圍內，比較可能特別有啟發性。

　　當使用不同的參考點，比較可以表明，舉例來說，基於特定的社會或社會領域，黑人的平均財富明顯低於白人；比較也可以表明，傳統上黑人的失業率是白人的兩倍，而又被收取了更多的保險費、更高的車價、更嚴厲的貸款抵押等等。但所有這些告訴我們的，就是這些不平等的**事實**。為了確定工作環境中是否存在歧視，我們必須先確定研究的模式，即勘察它與利益或意圖的聯繫，面對不同種族是否會有差異對待的立場變化或照舊如前。簡而言之，從比較種族歧視或比較種族主義到給它們下結論，都需要建立不同種類的關聯性。

　　回到奧斯威辛集中營的穆塞爾馬人和加沙的穆斯林之間的聯繫關係，這揭示了另外兩個考慮因素。首先，我承認，這種比較在修辭和道德上都非常強力。人們很難對納粹死亡集中營所發生的墮落無動於衷。那些無動於衷的人可能在某種程度上或多或少都深陷否認現實。對另一個時空之下另一組經驗進行類比比較（analogical comparison），倘若顯示出結果在很多方面都與手頭上的例子相似，那就可能至少會產生一種批判性的反應，使那些感受到這種類比力量的人去採取某種行動。這也許揭示了，基於一個相關的原因，如果往相反的方向發力，這種類比可能就會遭到抵制：這裡不可能有任何類比，因為納粹死亡集中營過於極端，大屠殺（Holocaust）是個例外。但在抵制比較的過程中所失去的更重要的一點，正如以色列軍官所證明的那樣，是這種比較也

155

可以成為他們所秘密學習到的邪惡教訓的藉口，即國家鎮壓性機器的「有效性」。

其次，在比較和關聯之間有時會有一條細線，也許可以透過其他形式的論證或觀察力來橋接。今天加沙的貧民區可能（有些或者完全？）像20世紀30年代末期和40年代初期在華沙發生的事件一樣，也是透過一個集體精神分析（group psychoanalytic account）的論述而被轉化為因果關係，這種論述試圖解釋前者（加沙的貧民區）是由於揮之不去而且固著在不斷的受害幻感上的精神創傷所造成的結果。在這裡，我更關心的不是這個論點的恰當性或內容，而是它的形式，在這樣的形式中類比性（analogicality）的多種途徑都可以被當作表達因果關係的模式，比較主義因此變得服務於關聯性。

比較主義可以服務於關聯性，這件事表明關聯性論述即使在其特殊性方面也提供了更廣泛、更具說服力的範圍，它們的關係也不是反過來。關聯性削弱了比較的範圍，並且超越了比較。它以一種無法逆向的方式吸收包容了比較。比較可以揭示一個初步的先見之明，這種先見之明可能隱藏在視野之外，只有透過比較才能看到。但如果再要進行更深層次的結構性比較則需要運用關聯性來提供基礎。

關聯性精確地超越了比較性立場，正是因為它使所討論的眾多因素，就彼此之間的相關性，在因果關係和生產關係上發揮作用。比較性因為堅持假設元素之間的不相聯關係而將它們區分開來。在這種情況下，比較法的立場對於關聯性

的聯繫讓人想起笛卡兒在《方法論》（*Discourse on Method*）中廣為人知的不同要素。笛卡兒（1637）堅持認為，哲學科學方法（philosophico-scientific method）的第一階段是分解所分析對象的組成部分，將對象分解為最基本的獨立成分，以便以最簡單、最基本的形式來理解它們。在這裡，比較包括一對一（再對一，如此反覆下去）評估，而且這些評估涉及了對每個事件和地點之中極具特點的相關條件或社會建構。關聯性在方法論上則相當不同，它涉及到在這些成分的互動中進行整合性拼接（mapping），並描繪出它們的轉化時所受到的影響。關聯性，簡而言之，提供了一個呈現影響力如何反覆變化的圖譜，一個展現出這些影響力因素轉變和重新定向的圖譜。

　　然而，正如我所暗指的，所謂的被比較成分的獨立性是國家（或地方）邊界的產物。令人感到好奇的是，國家會如何繼續詮釋其分析式的想像，如何繼續建構其可能性，如何繼續限制其分析的能力和強度。相較於關聯性，國家或政體框定給比較方法更多的優勢，也許是因為比較主義框架以分析的方式保存既定的邊界，既定的社會結構，進而有助於將這些邊界固定在適當的位置上。同樣地，比較主義和對種族現象的歸納性的經驗解釋的正面積極性其實是相互強化的，正如任何一方的邊界狀態都會映射到另一方的邊界狀態上。

　　其後，在服務於關聯性的過程中，比較被有效的應用，而它的洞察力會得到擴展，它的內在的預設以及越來越縮窄

157

的限制反而被撬開了。當比較法處於最佳狀態，它就展現出最高等級的洞察力，揭示了什麼還需要進一步的探索，以及最終還有什麼需要解釋。就其本身而言，比較法只能停留在國家—政體的邊界，也或許這個邊界就是紀律和紀律性（disciplinarity）本身的邊界。

那麼，關於種族與殖民地之間的聯繫一開始是怎樣的呢？這作為一個比較點，美國、南非、拉丁美洲、歐洲，或者，還有以色列—巴勒斯坦的當代種族主義與種族治理和控制的殖民模式（colonial modalities）的對比，可以告訴我們當時的情況看起來是怎樣的，而現在又運作得如何。這很有啟發性，揭露出來的差異與相似之處皆旗鼓相當。然而，關聯性論述所新增填補的不僅只是歷史遺跡。它使人們看到殖民地如何形塑當代，如何種下種族主義的根源，如何設計出這些種族主義的社會條件，又如何鞏固其結構性的控制。

透過關聯性的再／生產（〔re-〕production），它揭示了今天的社會機構以為是當然的，是社會的自然條件，其實是那個社會中相對強大的人籠罩著相對弱小的人而形成，而這些弱者受制於被設計出來的、默認的、持續的社會勞動，環境和疏忽等一系列的混合方式，在遠離自然的狀態下被強制歸化、被固定和被限制在原地。這些構成的痕跡，不論是直接留下的，或是透過逐步拓展而造成的，都是非常之深。

這並不是說當代的種族主義是殖民主義式的：相反地，它要指涉的是它們之間的結構性聯繫，即使種族主義的直白

提示和表達可能已經隨著時間的推移而發生變化。但是，這也強調指出，具備各種可能性的圖景於很早就確立了，種族治理的模式以及種族主義式排外、羞辱和死亡的指令都已經深深植根於殖民性（coloniality）所喚起的社會和個人的各種立場傾向之中。

今天，這也許只告訴了我們故事的一半，充斥著陳腔濫調的那一半：「我們在這裡就只是因為你們在那裡。」現在所謂的「這裡」——尤其特指涵括了不只是北半球的幾乎所有的都市地區——多多少少是由「那裡」的存在而構成的，無論「你們」是否真的「在那裡」。構成都市的異質性（heterogeneities）往往被否定或抵制，這體現了與其他地方和其他時代的聯繫性（connectivities），在地性也被遙遠的地點和時間所重構。「家」是在熟悉與陌生、在地與遠方、這裡與那裡之間複雜而形變的關係中被重塑的（Simone, 2008）。

因此，僅憑比較主義沒有辦法告訴我們太多關於當代種族歐洲化（Europeanization）的事情，例如，是什麼導致了對歐洲當代有色人種——那些曾經被認為沒有歷史的民族——的侮辱，並且使他們繼續遭受苦難。如果不是因為明確提及「非歐洲人」（儘管也其實如此）的話，為什麼歐洲有色人種在想像中如此劇烈地減少？為什麼歐洲那些被認為是「非歐洲人」的人在就業和住房市場上仍然如此容易地受到歧視，而為什麼他們在歐洲高等教育機構中作為學生、教

職員工等身分的時候相對地缺席？也許建立這種聯繫最快和最直接的方法就是指出，一個歷史上被認為沒有歷史的民族不得不基於關聯性的考量而被迫接受一種只有出於種族建構（racial fabrication）才能形成的歷史。

於是，面臨到的挑戰即在於追跡出族群—種族在地理和時間上的相互交織聯繫性（Goldberg, 1993）。這是為了理解它們的複雜性，可能性和所受到的挑戰，共生性（convivialities），但也包含了異質社會性（heterogeneous socialities）臆測和管控之下帶來的危險和暴力。此外，它也是為了去感受跨國網絡下族群—種族性（ethno-racialities）長期以來所構想和創造出來的提示和含義、結構層理和影響、脆弱性和模糊性。

我所說的所有這些，也不是要把關聯性浪漫化，然後把它內部深刻的歷史性隱藏在一種必然性地假定同質的目的論中。我所建議的關聯性作為一種方法而產生出的實質性知識，基於不同的歷史背景或它們的時空軌跡（space-time loci），在連接不同的學術觀點或匯流時，將呈現出不一樣的結果。關聯性的抽象方法論形式——即它的邏輯——在不同的案例中可能是共通的（這也就是為什麼我們需要方法論），這整件事並不意味著這便是保羅·吉爾羅伊（Paul Gilroy, 1997）在另一個不同理論的背景下所說的「變動中的相同」（Changing Same）的一個例子。從知識形成的形式具備普遍共通的特性這一事實來看，其實這並不意味著由此產

生的實質性知識也必然具備普遍共通的特性。知識，所有的
知識，正如康德（Kant）所表明的那樣，都是形式和內容相
結合的產物。

　　據此，沒有關聯性的比較不可避免地會顯露出不足之
處，趨向固化（hypostatize），將分析視野設定得過於謹慎。
實際上，對關聯性擴展（relational extension）保持開放的比
較性是一種不同的比較性模式。關聯性能揭示事物，能富有
成效地將現象結合在一起，能將突發和具備因果條件的狀況
聯繫起來，使之跨越看似彼此無關的實例，還能提供一個具
備解釋性的論述——若不是如此則可能連個像樣的論述也沒
有了。因此，種族批判理論需要一種更為複雜微妙的關聯性
來作為方法。我們面臨的挑戰是如何在方法論和理論實踐中
同時自覺和系統地運用這種方法。

現在已經是後種族主義時代了嗎？

　　我在本書中自始至終一直強調，所謂的後種族主義性
（Postraciality）所代表的意涵不是種族主義的終結。它在表
面上雖然消除了種族的概念，然而背後隱藏的是表述當代種
族主義的驅動模式。在正式取消種族分類、國家律法排除帶
有種族歧視的定義之後，種族歧視似乎消失了。然而他們卻
以種族消失、否認和拒絕的名義重新表達自己。種族主義在
所謂種族概念已消亡的假相之下快速成長。

　　因此，後種族主義思維代表的是當下全球化時代的種族
重新表述。全球化擴大了人口流動和移民，同時也加劇了人
口的異質性和文化交集。網路文化進一步縮小了空間界限，
大大拉近了地理和文化距離。但它同時也放大了區別，將虛
擬和象徵的距離固相化。它消弭了文化和政治分歧，鬆綁了
約束和限制，還允許了大量的種族異化。

　　種族政治在任何地方都以大小不同的方式相互影響、相
互支撐著全球其他地方的種族政策。在任何競爭中，種族政
策通常在視野範圍和互動性上都是全球性的，即使它們在設
計和效果上固執地強調地方性。

　　把札迪・史密斯（Zadie Smith, 2014）的話語放在不同

163

背景脈絡下來說，後種族主義思維就是「一個圍繞著你自身欲望而形成的現實」。她繼續說，在這按照自己的設計來捏造世界的野心中，有種敵視社會的性質。對於那些被認為不屬於同一種族、不適合、不受歡迎和無法融入的人們來說，這種反社會病態促使世界排除或限制的不僅僅是他們的參與，甚至還包括他們的存在。理查・科恩（Richard Cohen, 2014: 173）堅持地認為，以色列人「憑藉著他們的先進文化」有權驅逐所有巴勒斯坦人，這是一種最近不斷加溫升級的社會病態的極端特例。科恩（2014: 174）繼續說道，敵人的「不得不離開」不是基於「種族主義或殖民主義，而是基於常識而來的安全問題」。他堅持認為，以色列「為了更美好的世界而進行種族清洗（ethnic cleansing）」的理由完全正當，有憑有據（Weiss, 2014）。科恩對以色列建立於種族主義和殖民主義之上的否認正與他所使用的語言相互矛盾：先進的文化、常識、歷史必要性，甚至種族清洗。

這揭示了迄今為止我的敘述中種族主義所隱含的兩個關鍵特徵。首先，現代國家立足於消除種族歧視。第二，種族主義以過去之名將社會限制於當下。它消除了與未來同樓的可能性。

種族主義概念下的眾「後-」（Raciality's "posts"）

應當很明顯的是，在某些關鍵方面，後種族主義思維

（the postracial）之於種族主義思維（the racial），正如後殖民主義（the postcolonial）之於殖民主義（the colonial）的意義一樣。這並不是種族決定論（racial determination）的終結，正如後殖民主義概念（postcoloniality）並沒有標誌著殖民主義的終結。更確切地說，這是另一種種族主義的存在方式。安妮‧麥克林托克（Anne McClintock, 1992）指出，從殖民主義性（coloniality）到後殖民主義性的轉變，指出了一種從權力關係（殖民者和被殖民者）到時間的線性關係（linearity）（由前到後、從較差到更好的進程）的轉變。這反過來又涵蓋了——並讓人們關注於——那些還在受益並受苦於後殖民條件的人（「前殖民者」及其造成的「受害者」）。

　　一個類似的邏輯也標誌著後種族主義的狀況（postracial condition）。種族主義在種族滅絕的那一刻重演——只是現在沒有被標記，所以更少人能看到和辨認出來。因此，正如後殖民時代的「後-」所指的不是殖民地的終結，而是殖民地的來世，這種「姿態」在後種族主義思維中也是一樣：來世，本應擺脫種族主義的社會仍被種族主義幽靈般地困擾著。

　　就像一小群後殖民主義的權力掮客是對其難以抗拒的受益者一樣，曾經遭受種族壓迫的特定少數民族也成為後種族主義情境下的主要受益者。要進入後種族主義，就像後殖民主義一樣，就意味著討論中的社會一定得曾經是種族主義的

165

（就像它曾經從事過殖民主義活動一樣）。但種族主義的含義並不完全是種招供，實際上它意味著否認，否認它曾經和現在有過的種族主義。由是，後種族主義作為社會的一種精神狀態是種族主義式的，社會性之所以無可名狀是因為無可名狀的精神，它就如同影子一般的存在。後種族主義是另一種帶有種族標誌和排斥性質的社會性的形式。

後種族主義概念的「後-」延伸到種族主義概念的來世。但來世有各種各樣的形式，相對來說或是像地獄或是像天堂。我一直主張，地獄主宰著天堂；或者更確切地說，對於某些人來說，所謂的天堂是建立在讓其他人過著地獄般的生活的基礎之上，而在地獄的這些其他人看來，那些人之所以可以造出天堂，就是因為他們不僅透過逃避和閃躲還以詭計和（錯誤）指導來達到目標。

人類種族主義（anthroporacism）標誌著對於前達爾文式（pre-Darwinian）種族觀某種程度上的回歸：一種「物種生命」（species life）的形式。達爾文之後，人類的各種族如果彼此的成熟性存在差異，就被認為是人類的亞物種。

對於後種族主義概念，就像前達爾文主義（pre-Darwinism）一樣，如今的對比，至少不太正式地講，介於那些自認是人類的人和被認為是動物的人之間，也介於人類所有種族的所有成員和被賦予獸性的最低級的動物之間。自認為是人類的，會為自己保留一個滿足所有美德的理想化人性：人文主義、人道主義援助、人文經典教育所提供的

有教養的學習、自我賦予的權威，以管轄及決定誰該生、誰（允許可以）死。他們迫使那些被認為是動物的人群（the animalized），生活在充滿了卑微和絕望以及不斷的危機之中。

與之相關的是，後種族主義概念的「後-」並不僅僅是時間狀態的標誌，或是對去時代性（atemporality）的追求，它還是一個超越時間的渴望（aspirational），一個非／無種族化（nonracial）狀態存在的夢想狀態。它也是一種立場的「後-」狀態——一種賭注。在這裡，「後-」更令人擔憂地代表了一種對地盤的要求，一種以犧牲那些被鄰邦或國家拒絕或強制驅離的人為代價的地位和權力的主張。這裡的「後-」也使得國旗被廣泛展示，以團聚其自信和象徵的力量。

後種族主義概念——種族主義性對在時間上可超越它自己的追求——因此意味著兼具引人關切和令人擔憂的品質。

在其最吸引人的意義上，對種族問題的關切涉及是達到一種不受到與種族定義相關的概念和物質限制的社會關係。而在其比較具局限性的表述中，這種關切在乎的僅僅是對種族定義的拒絕，但對歷史上和現有的種族不平等幾乎沒有任何轉變性的影響。我一直堅持認為，後者主導並驅動著後種族主義的概念。它代表著強化了種族主義的歧視性言論和加深了以種族為標籤的不平等。

個人基因組計畫（The Personal Genome Project，簡稱PGP）專注於建構個體在其環境互動中完整的遺傳數據，它

被期待能一勞永逸地壓制種族決定論。它將使人群在私人和個體層面上變得多樣化。基因編輯技術（genome editing），進一步能將應對個體的基因挑戰能力個人化。編輯DNA序列最終將可能修復重症或潛在性致命疾病，比如新生兒的囊性纖維化。儘管如此，當代遺傳數據的收集中所繼承的後種族主義傾向仍然常見於兩個方面。首先，PGP為了確保人口數據集的多樣化，會應用種族分類。它找出特定種族以保證更多群體的多樣性，以至於大過以絕大多數白人男性構成的主要成分。

第二，盛行的社會價值觀會形塑個人偏好的行為模式，也會確立審美標準，而這些審美標準潛在地決定哪些「種族」基因需要改變以求獲得更漂亮或更健康的人口。在後種族主義偏好的風格下，種族透過個體化（individuation）而重建，基因組學則延續人類種族主義性（anthroporaciality）。

與後種族主義概念相聯繫在一起的這份憂慮，涉及到占主導地位者對喪失競爭優勢和對其所累積的資產的不安全感。因此，它與上述第二項關切一致，甚至是對它的火上添油。但後種族主義概念所表現出的擔憂程度也暗示了其對象令人擔憂而又惹人注目的特徵。惹人注目的是它對我們顯露出捉襟見肘之處。它預測出令人渴望但又無法達成的、具有威脅的可能性，最終可能會造成它自身的停擺、削減甚至終止其能力。它排除了除了那些被設計好而又得到社會許可之外的通往未來的道路。

後種族主義代表的正是這些被指定的社會條件。它最主要考慮的是限制某些人不能得到什麼，而允許另外一些人得到什麼。這類限制隱含地以種族條件作為控制手段，一方面讓這些歧視言論變得不可見，或至少不會那麼明顯，另一方面表明它有能力否認種族主義的控制、表達或意圖。

然而，在將與種族相關的限制延伸到具體某些人身上時，它其實隱隱約約地對所有人施加了界定。作為我們這個時代盛行的種族主義概念，後種族主義將使我們所有人都以種族的結構性矛盾為特徵，而這種特徵使種族思維變得既明顯地不可見又若有似無地可見（visibly invisible and invisibly visible）。這種謎樣特性不僅僅是沒有種族概念的種族主義，而且也是沒有種族歧視的種族主義（Goldberg, 2009: 360-363）。

那麼，現在已經是後種族主義時代了嗎？

答案令人驚訝。我們確實已經是後種族主義時代了。但不在這問題所預設的傳統意義上。從前面所提供的證據我們可以明顯看到，在社會結構上而言我們仍然深受種族思維的束縛。所以從字面意義上講，我們幾乎都沒有達到後種族主義。然而，我們在**結構上而言**都是後種族思維的，因為我們被捲入了普遍概化的、而現在不可避免的後種族主義性的社會邏輯之中。這並不是說在後種族主義性的社會中，每個人或機構都是種族主義者，但更不是反種族主義者——就好像在種族隔離（segregation）、吉姆・克勞法（譯

註：Jim Crow，1876至1965年間美國南部各州以及邊境各州對有色人種實行種族隔離制度的法律）或南非種族隔離制度（apartheid）之下，並非每個人或機構都會變成種族主義者。不過，也就是說，所有站在種族權力和統治地位的位置上的人們——特別是那些在具有不同種族表達的社會中以各種形式來表達自身種族為白人的人們——本能地投射和擴展種族主義社會。但這種本能並不是唯一應該採取或者贊成的立場。

人們之所以保持這本能，是因為它是現成的、最容易習慣的、缺乏思索的社會性。

缺乏思索

種族主義代表這種缺乏思索的性質，在阿倫特的觀點上這屬於未能實踐反思性（以及自我反思性）的批判性判斷（Arendt, 1963／2006: 234-252）。它們缺乏批判和自我批判的想像力。它們拒絕或沒有考慮到那些受種族歧視的人士們具有同等地位，或也曾做出過寶貴貢獻。缺乏思索的種族主義者拒絕關注惡行的作為，以及種族主義者或社會在其中的角色，無論是無意的還是不小心的，無論是體制性的還是結構性的。在這裡我們可以看出，種族主義其實是由膚淺和疏忽所驅動，乃是一種拒絕考慮超越自己和同儕之外的情境的無知或傲慢。種族主義，於此可以說，就是自戀，是自尊的

虛無化，而且特別是極端的那種類型。

　　按照阿倫特的論點一路看下來，很多種族主義都是平庸的。它包含在每天都會發生但令人震驚的日常事件（Essed, 1991），而那些震驚（作為一種價值）的文化已經變得被接受的日常事件。

　　逐漸地，種族主義言論被化約為疏失、忽視、表示無所謂的聳聳肩，逐漸越來越多的人不但否認種族主義言論，而是根本就否認否認本身。所謂的「熱種族主義」（hot racism），根據比利格（Billig, 1995: 43-46）對「平庸的民族主義」（banal nationalism）的分析，被認為是具有爆發性的例外，而不是日常的陳腔濫調。在工具性操作的規劃下，人被急遽地簡化成數據內容，其令人震驚的簡化程度不為人知，即便真實存在，也被埋葬（buried, alive）在普通的、日常的、無所抵制的接受態度之下（Goldberg, 2009）。種族主義者的手段工具化（instrumentalization）的常規化（routinizing）代表了他們將人類主體作為目標這件事不加思考地物化（objectification）。從深層意義上講，種族主義者並不知道——或者至少不完全知道——他們在做什麼。當然，他們可能會想惹惱、貶低他人或不把別人當人看。然而，即使是在這些情況下，他們也很可能完全不考慮他們行為的方方面面及其造成的全面影響，並且拒絕承認所有牽扯在其中的人們所受到的影響。

　　正如裘蒂絲・巴特勒（Judith Butler, 2011b）在闡明阿

倫特的觀點時所說的「這種思考行為的失敗」（this failure to think）的邏輯是一種道德敗壞的行為，它使無人機襲擊（drone strikes）或是用種族主義笑話來貶低別人以達到當代政治目的等這類事情變得「可以想像」。對種族主義的不加思索（相對於它們的不思考、它們的不作為和不規劃）使整體人口和個人成為可隨意處置的煩人瑣事，被擱置一邊或摧毀。用巴特勒的話來說，種族主義「破壞了思考活動的條件」，破壞了支撐起個人和集體歸屬之間關係的批判性判斷和倫理考慮。

因此，後種族主義的「受歡迎」並非因為在任何理想意義上已經「完成民權鬥爭」（Taylor, 2012: 23-24），而是因為它放棄了為消除種族主義而做出持續的努力。它更多的是在平息任何殘存的關於種族主義言論的罪惡感，以及否認種族主義的結構性和制度性表現。它的吸引力正是在於幫助漂白某些話語的正當性——這些話語私底下幾乎可以對那些被禽獸化的人們說任何貶抑的話，而且說出口的時候不受任何實質性後果約束。

拆解種族主義（Un-thinking racisms）

對種族主義和後種族主義概念（作為有關種族問題的當代流行表述）的一個**有思考的**反應，是批判地拆解那些種族主義賴以存在的預設的前提。這裡需要注意到非／無種族思

維主義（nonracialism）、反種族思維主義（anti-racialism）和反種族主義（anti-racism）之間的區別。反種族思維主義試圖結束種族分類（racial reference）。它往往是一種政策，從統治、從權力中尋求維持其社會地位或力量，以擴大自己。

它對待種族主義的方式是將其孤立化，它一直所代表的不過是抹去種族主義的證據，而不是討論種族主義的結構、行為和影響。

非種族主義者甚至在其用語中也傾向於表示一種自我審視的存在狀態，總是與它所聲稱要否定的條件做出相反的決定──如果它不總是完全有辦法脫離這種狀態的話。相比之下，反種族主義在性格上不是消極的，而是現世論的、積極的，是實際上的行動派，並且前瞻性地定義出一個公正的國家應該要有的「夢想」（Mbembe, 2014）。反種族主義被視為一系列的立場態度和承諾，是一個正在進行的過程。它不可以化約為一個單一事件。它不是僅僅像「天下一家」（we are the world）、拯救生命（Live Aid），或者世界對抗種族主義大會2001（Durban 2001）這些大型人權活動一樣簡單。它也不僅僅像是《聯合國關於種族問題的聲明》（*the United Nations Statements on Race*）、《自由憲章》（*the Freedom Charter*），或者《民權法》（*the Civil Rights Law*），雖然這三份文件也非常重要。它最起碼至少是一系列的廢除不平等、反殖民、反種族隔離和民權等**運動**，並後來促成了這些反種族主義奮鬥行程中的前衛高地。

173

　　由此，反種族主義需要新的、持續的、歷史上具體化的干預措施來抵制種族主義的一再返潮。它們需要維持和擴展不受種族主義結構或爆發影響的關鍵社會關係的基準。

　　反種族主義的工作進展，正如現在看來令人感到痛苦的現狀那樣，當我們唱著〈我們終將戰勝〉（We Shall Overcome）（譯註：由美國現代民歌之父皮特・西格傳唱而出名的反戰歌曲）或〈天佑非洲〉（Nkosi Sikelel' iAfrika）（譯注：祖魯語歌曲，曾是非洲南非、納米比亞、尚比亞、川斯凱及希斯凱等多個國家的國歌）時，當曼德拉或歐巴馬競／當選（〔s〕elected）時，或者巴勒斯坦人實現了國家獨立，甚至與以色列同樣立國時，反種族主義的工作還遠遠沒有結束。反種族主義不僅要求反對現有和過去形式的各種種族主義言論，而且要以一套堅定的理想——夢想——的名義來執行，即一個沒有任何種族歧視壓迫和後果的社會看起來應該會是什麼模樣。

　　因此，種族思維為基礎的反種族主義（racial anti-racism）有時需要種族認同，既要辨認出那些被種族主義指使所針對的人，又要以抵消其負面影響的方式來做出反應。人們認識到，如果種族概念不運用來作為分辨被冤屈者的指標，也沒有用來作為糾正個別或集體的適當參照物，種族主義運行現狀將會持續擴大，甚至加深，最終得不到解決。所以，種族思維為基礎的反種族主義可以採取平權行動或基於種族考量彌補賠償的形式。在這種情況下，援引種族問題就被認為有

必要查明清楚哪些是隨著時間的推移而遭受種族主義長期殘留遺毒不公正對待的人。在這裡，對種族思維的回顧或辨認是出於實用目的，是一種針對超越種族限制的社會生活的有些看來自相矛盾或是難解的手段。

歷史上，非種族思維為基礎的反種族主義（nonracial anti-racisms）傾向於強調個人權利而不是群體權利或主張，強調的是非種族主義而不是反種族主義。它們傾向於引起人們對種族定義和特徵的關注，而不是針對種族主義帶來的屈服、壓迫、打擊和排斥，這種傾向可能是基於這樣的假設，即種族分類不可避免地會帶來種族主義式的影響。但是從種族的到種族主義式分類之間的墮落轉換並沒有內在的必然性。這至少是一個未解決的問題，即種族分類是否會必然導向種族主義。無論如何，這種必然性的假設令人沮喪地非常悲觀：有效地解決種族主義需要務實地處理它們的歧視用語，並且加以反擊，批判或糾正其影響。如果因為擔心討論種族問題會內在地鼓勵種族主義蔓延，而避開對種族問題的討論，那麼我們會一直受到種族主義必然性的束縛，直到有一天甚至連描述性的種族論述在社會上都完全被剔除。

種族主義相當頑強，即使它們在某種程度上發生了變化。它們是一連串建立或復甦、持續和更新的過程。相對於只是反種族概念，對種族主義的有效反應需要反種族主義的嚴正承諾，這種承諾要能抗衡種族主義的活力和及時性，同時也還需要考慮到種族主義表達的特殊內容。值得一提的

175

是，我們需要反對任何（智力上的）悲觀主義，擁抱一個更樂觀的信念，相信不同的環境需要特別針對實際場域的差異而做出適當的批判性反應。

這些批判性的回應既建立了分析洞察力，也聯合同儕為當前緊要問題做出積極的干預。相對於反種族思維主義（anti-racialism）的悲觀主義，它是悠久而多樣的使命傳統，它們致力於抵抗由於種族征服而產生的剝削和壓迫狀態，例如，在黑人覺醒運動（Black Consciousness）（譯註：1960年代中期在南非興起的基層反種族隔離運動）的鬥爭中最能體現這一點。正如史蒂夫・比科（Steve Biko, 1978）所說，「黑色」並非有關「色素」而是有關「心理態度」和批判精神。他堅持認為，這是從屈從和「奉承」邁向「解放」的第一步。

因此，反種族主義是一種自下而上的政治，一種將顛覆和分裂串聯起來的批判性政治。它們的立場可能會陷入泥淖或變得不穩定，也可能被它們重視行動的預設重新定向或攔阻。人們通常認為反種族主義是要拆解或扭轉那種基於（白人）種族主權和優越性的政治經濟學。很少有人呼籲要去改變種族分類的社會本體論和結構，以及它們所建立並維持的社會秩序和定位，因為這些是種族主義構成的基石。如果反種族主義要想持續有效地發揮作用，它們就必須更加有力地尋求削弱將「不加思索」工具化所造成的限制。

它們必須尋求在更廣泛的範圍內培養對種族主義歧視和

屈辱的歷史進行思維性和文化性的批判。它們的目的是消除強加於被種族歧視中傷的人們身上的死亡和短壽，被壓抑以及缺少機會，因為這些都是為了確保其他那些占便宜的人的優勢。

這表明了回應性（responsive）反種族主義與生態性（ecological）反種族主義之間的關聯性區別。回應性的反種族主義立竿見影，回擊當下表達出的或發生的種族主義。它們的性質傾向於反動，通常立意要有破壞性。它們設法制止那些或是積極或是透過沉默來參與或支持種族主義言論的人。聖路易士的弗格森積極分子（Ferguson activists）是破壞性（disruptive）反種族主義的強力例子。在一個星期六的晚上，幾個積極分子像其他絕大多數白人觀眾一樣地購買了聖路易士交響樂團的門票進場，然後當樂團用巴哈的安魂曲開始節目的下半部分時，他們在觀眾席中站了起來。多種族構成的反種族主義者大聲呼喊「你站在哪一邊？」，而其他人則跨過大廳，和他們的同夥們從舞台上拉起橫幅，上面寫著「種族主義常住於此」和「願邁克・布朗安息（Requiem for Michael Brown），1996-2014」。觀眾的反應既有鼓掌讚賞也有無法理解的嫌惡。

這場干擾持續了不到五分鐘，積極分子一邊退場一邊和平地高呼「人的命也是命！」（Black lives matter!）（Boggioni, 2014）。但是，無論誰在當晚離開音樂廳的時候，都不能不想想這場干擾的意義。

177

　　所謂生態性反種族主義，我指的不是簡單地對當下即時的種族主義言論或事件做出反應。它力求解決一更廣泛的問題，即如何消滅使得種族主義組織和表達得以複製的結構條件。在前述的音樂廳抗議的活動中也隱含了這一點。生態性反種族主義的目標包括了標誌出社會、經濟、法律權力和地位的種族立場差異化等等的這些種族現狀。生態性反種族主義的範圍很廣，從揭示種族力量現行結構的關鍵工作，到改變整體結構格局的積極參與。後者不僅僅是將更多數量的種族失勢群體納入現有的社會結構中。其關鍵點更是要改變構成種族主義基礎的那些結構，以使它們在日益由異質社會構成的世界中更能代表一種公正的政治體。生態性反種族主義需要透過對廣泛的社會原則和理想的承諾來驅動可持續的社會聯盟運動。

　　反種族主義要求拒絕當代對種族歷史的改寫，因為那會泯滅了它們的責任感（理查‧柯亨〔Richard Cohen〕對內卡巴〔Nakba〕的辯護是最近的例子〔2014〕）。它們要求拆解整個世界和創造世界的機制背後的種族構成。此外，它們呼籲做出承諾，不僅要使想像多樣化，而且要使那些為想像的共同體做出社會轉型貢獻的人變得多樣化。這需要豐富這些社會變革的主題和存在的模式，擴大變革發生的場所、風格和主題、可能性和價值。因此，今天的反種族主義態度積極、果斷地反對理所當然地認為種族主義所立足的情境是自然而然的，是非歷史的必然，是不可逆轉的。這些狀況包括

不公正和不平等、一再複製的壓迫和持續性過早死亡的威脅等這些厄況的螺旋式遺傳。它們涉及日益嚴重的權力和財富寡頭失衡，以及被忽視的、日常生活中的缺乏資源和不公正現象。

因此，一般而言，反種族思維主義（anti-racialism）在原則上主要就是承諾要結束種族分類。相比之下，反種族主義（anti-racism）則承諾要結束一切在物質上和概念上複製以種族為基礎的不公正現象。

正如種族主義引起有關種族的定義一樣，有效的反種族主義最終將導致種族分類的消失。

後種族主義充其量可以將任何對種族主義的反應化約為一種反動。那麼，我們是否已經處於後種族主義時代，就不是一個那麼重要的問題，相較而言還不如提問究竟是什麼樣的有關種族概念的工作目前正受到後種族主義概念及其實踐的影響。本書對後一個問題做出了持續性的回應。

不過，在本文結束前還有另一組既與主題相互補充又緊迫的問題。一個社會如何在不遺忘其壓迫性的種族主義過往歷史的同時，又於種族限制之外來建構自我？人們如何能在不受種族歧視的常態和爭執，或者種族主義的束縛下，過上相對自由的生活呢？

在一個歷史上由多種族組成並持續維持多種族的社會中，是否有可能達到非種族主義的境界，而且又要有什麼條件呢？對於非種族，是否存在一個令人信服的批判性概念：

179

超越膚色和表相的社會性關係的夢想，就像阿基里・姆貝姆比（譯註：Achille Mbembe，喀麥隆哲學家、政治理論家和公共知識分子）曾經（2014）提出的那樣，但是與之緊密相關的是什麼？是非種族主義作為一整套的承諾，雖然帶有批判，但並不狹義的受種族思維和種族主義的歷史所限？是哪些條件能夠使種族主義之後的生活不受其規章和約束的限制？

是否可以表達出一種靈活的自由概念，一種獲得解放的自由生活，對於這種自由的生活而言種族思維是一種歷史的教訓，而不是持續不斷的建構技術？能否構想出一種強韌的非種族化現實，以向構成當今世界廣泛存在的各種生命形態敞開，或甚至代表其存在？這也就是我要提出的這個問題：我們如何將我們對種族主義的解構以及我們的思想擴展到種族思維的限制之外？

種族主義建立、扶持並擴大種族的概念，而不是相反。當然，一旦被建立起來，以種族思維為基礎的設置常常——儘管不必然——會強化、複製而且更新種族主義。一旦被建立了起來，對種族概念的維護就更容易被宣揚，特別是在比較窘迫和競爭的社會環境中，環繞著資源的有無、勞動力的供應、社會資源的獲得和限制、對生計和安全的潛在威脅等等。種族主義被用來行使與他人有關甚或凌駕他人的權力，增進利益，維持地位並保持社會階級，同時確保競爭優勢。後種族主義思維（postraciality）也不例外。

　　面對種族隔離的社會組織時，堅持種族融合對於促進平等和社會正義至關重要。然而，它的強調也加強了種族定義的所謂的獨立性。它有可能會加強了建立、更新和維持種族不公正的基礎。

　　問題並不在於人們致力於認同自己的民族—種族和相關習俗；問題在於，就像奉行教條式宗教的職業那樣，他們堅持認為自己的矢志投入是世上最好，甚至唯一有價值的存在方式，一個有尊嚴的生活，並取得卓越成就。

不依靠後種族化主義而活著

　　在考量如何拆解種族支配時，我們尋找其決定範圍之外的生活方式。生活在種族決定論之外，意味著既不受其束縛，又能對其歷史上的不平等和不公正現象進行補救，而不會同時恢復、重新安排或更新這些現象。種族忠誠傾向於堅持社會同質性，如果不說是社會的純淨，和歸化了的親屬關係的特權。最近的一項研究顯示，接受調查的白人中有73％認為「白人比其他種族群體更能代表美國」。只有27％認為黑人、亞裔、拉丁美洲人和白人美國人「同樣代表了美國的價值觀和理想」（Danbold & Huo, 2014）。一種不受種族議題限制的公正的社會性將建立在認識到異質的審美、文化價值和表現形式的吸引力之上，在生活和實踐中，在建設世界的諸多模式中。

　　它將規劃出沒有種族霸權的社會關係。對異質性及其社會實踐的開放會要求將文明素養內化作為性格，成為對生活的態度。

　　反種族主義運動最引人注目的例子往往是由積極分子、藝術家、知識分子和其他致力於社會願景和批判性參與非種族主義實踐的其他人所聯合推動的。他們試圖將對種族主義事件的反應轉變為持續的反種族主義運動。這些運動得注意不要在非種族的言論背後恢復那個還在大張旗鼓的權力和決策層面的種族等級制度。這樣的例子包括19世紀的廢奴主義（abolitionism）、20世紀中葉的民權鬥爭和反種族隔離運動，以及1970年代英國的反對種族主義搖滾運動（Rock Against Racism）。同時，重要的串聯活動包括「抵抗運動」（Critical Resistance，即：美國監獄廢除主義倡議）、今天在荷蘭聚集的黑彼得（Zwarte Piet）青年運動以及反對荷蘭種族主義的更廣泛的聯盟陣線（Essed & Hoving, 2014），其中包括「反對種族主義的理由」（Reason Against Racism）臉書集群（Facebook Collective, 2014）和新城市集會（the New Urban Collective）。美國日益增長的反對警員使用致命執法手段的運動，以及有關以色列／巴勒斯坦的「抵制、撤資、制裁」（Boycott, Divestment, Sanctions，簡稱BDS）運動，也同樣重要。

　　它們至少都具備一些全球性的意義。它們需要足夠的足智多謀和韌性，才能讓自己熬過不可避免的冷漠以對和受到

壓制的艱難過程。它們呼籲採取變通多面和喬裝打扮的態度，對干預，破壞和挑釁進行戰略性和戰術性的思考。弗格森（Ferguson）反種族主義者試圖在交響樂的沉默中挑起聖路易士社會精英的神經，迫使他們再次確認自己的白人特徵，便就是其中一例。

　　從反種族主義聯合運動的有效例子中，我們可以梳理出展現其中的關鍵原則。南非的《自由憲章》（*the Freedom Charter*，由1955年的國會聯盟所促成）以一種看似神秘的種族化非種族思維主義（racial nonracialism）的形式，提供了一個批判性反種族主義（critical anti-racism）的典型。無論如何，它的參與環境（定位上非常明確而且歷史意義而言是特定的）可以被充分概括，提供令人信服的歷史教訓。它試圖透過概述一系列承諾，以期在1990年代中期逐步構築出具有進步意義的新南非憲法，從而解決正在衰退卻還具備破壞性和致命性的種族主義傳統。雖然面對著該國正處於當下的衰退、否認和拒絕，它仍繼續提供一系列的前提和承諾。

　　《自由憲章》以摘要的形式闡明了構成正義社會的一系列構成原則，與當時形式化的種族隔離制度背道而馳。確立這些驅動的原則是一種底線的承諾，即社會的權利和利益應同等地適用於所有人，不論其種族身分為何。這些驅動原則包括人人權利平等、法律保護平等、國家財富和土地的公平共用、言論和結社自由、選舉權、遷徙和職業自由、同工同酬、獲得享有健康和有尊嚴的幸福生活所必需的平等教育和

資源的機會。幾乎沒有任何一個後種族主義的擁護者會贊同這樣大範圍的權利。

在此必須指出的是，在給定的情況下，持續承認社會中存在諸多的種族群體，被認為是對確保非種族條件之下所承認的平等權利和維持對所有人的尊嚴、受人尊重和繁榮的可能性至關重要。後種族主義概念（postraciality）試圖刻意從社會分類的框架和日常方言中消除種族概念。相比之下，《自由憲章》承認在一個深深以種族思維為歷史特徵的社會中，種族分類和特徵臉譜化頑強地存在。長期制定的政策中，它並不是堅持種族概念在社會分類中沒有地位。相反地，它在面對不斷種族歧視的情況下堅持人人享有平等，無論官方是否要求消除種族歧視。

實質上，平等權利的制度很可能導致種族歧視的任何實質性理由都會逐漸消失。這裡的重點不是要把這種制度拉到檯面之下——因為它的骯髒工作在那裡可以盡情施展而不被注意。比科的《黑人意識》（*Black Consciousness*）（1978: 48-53）不將黑人的特徵僅僅描述為膚色，而是一種致力於抵制黑人低下屈服的意識，同樣地將「黑」（blackness）不作為一種固有的種族稱呼，而是面對種族主義及其遺產的覺醒姿態的一種政治架構類別。

這裡至關重要的是對批判性種族主義和結構性反種族主義（structural anti-racism）的務實承諾。我們在將非種族思維主義（nonracialism）視為理想的奮鬥目標時，《自由憲章》

和《黑人意識》都表明，對於那些在種族主義社會中被剝奪權利的人來說，人人都應該成為和白人平等的人，並且都有可能與白人平等。這種脫離了種族主義的狀態在觀念和實踐上都刺穿了種族主義社會。它提供了一種與原有社會性反向抗爭的願景，為此，人們將以（即將）跨越種族邊界的名義為之奮鬥。

成立於1982年的彩虹餐廳和爵士俱樂部（the Rainbow Restaurant and Jazz Club）位於派恩敦（Pinetown）（譯註：位於南非庫瓦祖魯─納塔爾省德班市內），現在是德班（Durban）的一個祖魯人聚居區，其成立的靈感來自《自由憲章》的反種族隔離和批判性非種族主義思維（critical nonraciality）。1980年代，即使在種族隔離最壓迫的日子裡，在獨排眾意的班・普雷羅里烏斯（Ben Prerorius）領導下，俱樂部仍堅持安排種族混合的演出和接納種族混合的聽眾，面對持續的迫害、安全員警的不斷造訪、吊銷執照的威脅和逮捕，此處依然過著對抗種族隔離的生活。

今天它仍然是一個充滿試驗氣質和保持開放態度的場所，異質性和跨種族的歡樂共存。與結構性的非種族主義和反種族主義相比，它代表了一種我所謂**經驗主義式的**（*experiential*）非種族主義和反種族主義，因為它的所有權、管理和全面控制始終都掌握在白人手中。作為抵制制度性種族主義的模式，經驗主義式的反種族主義和非種族主義雖然重要，但說到底，除非其背後結構性環境也被徹底改

變，制度性種族主義並無法被有效地消除。

　　彩虹餐廳和《自由憲章》在1955-1956年透過全國性的廣泛簽名運動而大熱，體現出抗議活動和包括街道在內的公共空間的政治活動。正如裘蒂絲‧巴特勒（Judith Butler, 2011a）饒有寓意地指出的那樣，街頭抗議活動和俱樂部既是抗議活動的場所又是抗議活動表達的本身，而不僅是在這些場所建立起了集會的公共性。他們聚集的事件性意義（eventfulness），無論是單獨的還是連續性的，都既建立了反種族主義思維（counter-raciality），也常常形成批判性的非種族主義思維（critical nonraciality）。如果將之完全制度化，它們就為社會樹立了跨際種族（inter-raciality）、跨域種族（trans-raciality）、另類種族（alter-raciality）等概念乃至非種族主義的典範。

　　它們還經常提供一些生動的象徵，作為聚集起來為關鍵性抵抗所吶喊時的戰鬥號識：黑人權力（Black Power）和「阿曼德拉」（Amandla）之拳、「拖依‧拖依」舞蹈（toyi-toyi）（譯註：一種南非舞蹈，最初由辛巴威人民革命軍部隊在辛巴威創作，長期以來一直用於南非的政治抗議活動），還有，也許就在今天表現出來的，「舉起手來，不要開槍」（Hands Up, Don't Shoot）、「我呼吸不了」（I Can't Breathe），以及「黑人的命也是命」（Black Lives Matter）。密西西比州的「自由之夏」運動（1964）（譯註：由聯合組織理事會策劃的美國志願活動，目標是推廣密西西比的非洲裔

美國人的投票登記）和開普敦的非種族聯盟將海角亭游泳池（the Sea Point Pavilion swimming pool）從商業開發中拯救出來（2008）的運動，它們都在反駁中代表了介於膚色界線之間和之外生動的生活例證。

　　海角亭游泳池的實驗特別具有啟發性。它是世界上最精美的室外游泳池之一。它在身後的獅子頭山（Lion's Head）和桌山（Table Mountain）的壯麗陰影下伸向大西洋，眺望著羅本島（Robben Island）的海灣。在種族隔離制度結束之前，它僅供白人使用，「有色族們」（Coloureds）則負責游泳池的維護。（公開坦承：我在這裡的青少年泳池中學會游泳。）在種族隔離制度之後，此處的游泳池已成為開普敦最具混合種族特色的休閒娛樂場所，深深地影響著這座城市關於種族、階級、性別和宗教信仰的表述。穿著圍巾的穆斯林婦女就處在各種膚色和宗教信仰的半裸男女身邊野餐。旨在拯救游泳池免於商業發展的這個運動加深了已經存在的種族間際社會關係和人們的參與投入（Verster, 2008）。

　　它將反種族主義與對猖獗的資本主義的批評聯繫起來。它比大多數例子更有效地模擬了一種非種族社會的夢想和實踐可以達到的目標以及為此值得我們追求的目標。

　　按照我所堅持的說法，後種族主義性使特雷沃恩·馬丁（Trayvon Martin）（譯註：特雷沃恩·馬丁命案發生於2012年美國佛羅里達州，特雷沃恩·馬丁是名17歲的非裔美國高中生，因被混血拉丁裔社區守望相助隊員懷疑即將犯罪而誤

殺）和邁克・布朗被殺，而且還導致了美國越來越多的年輕黑人的死亡。反種族主義揭示了實行住宅隔離之下造成誤殺案件的結構性原因，還試圖找出其因果關係。它的相對成功使這兩件事——馬丁的死亡案件應該看起來格外刺眼，而布朗原本成為被隔離的僅限黑人的社區的居民——的可能性相應地降低了。在一個批判性非種族社會的環境下，其實布朗和馬丁都不會被逮捕，因為人們的警惕性或警方的猜疑都不會往他們身上去發揮，就算他們的膚色是黑色。而如果沒有種族主義式的社會安排和傲慢的白人社會代理人（譯註：指警察），他們可能到今天都還活著。

種族主義貶低、降格、屈辱。它們總是使它們的目標看起來比實際的還少，並且為它們授意之下所發生的個人、國家及其代理人的暴力行為一路開道。它們還讓肇事者看起來不是那麼回事。

現在，在任何仍受種族主義困擾的社會中，迫切的問題不是我們是否都已經處於後種族主義時代。由於全球人口流動與其留下的痕跡的影響，今天的社會也變得越來越多樣化。一個社會只能透過長期以來種族話語操縱和社會軍事化所造成的多種壓制和封閉來抑制這種異質性。非種族化的視野代表了對社會外界的延伸，超越而又不受制於種族思維的任何約束和限制的界限。實質上，一個不受種族思維限制的社會只有透過個人、族群，乃至全球的協調合鳴才能達成。最終，只有達到完全的自由，這個目標才能實現。

　　後種族主義思維是一種錯認非種族的夢想已經被實現的幻覺。然而，思考如何超越種族思維的任務是一種富有創造性和倫理性的社會願景，值得為所有社會中各式各樣的居民所共同追尋。它是要拆解當代社會中犧牲大多數人為代價來給予某些人特權所產生的對社會發展的阻礙和限制。這並不是說每個人都得要變成公共汽車路途上　路到底的同路人，而更像是自由的乘客一樣，擠著共乘、隨時上下車、悠遊於乘客之間又相互推擠，反覆地、改進地、重新對抗那些不把生命當回事的思想和行為、對抗那些只看重膚淺之事的社會。

　　從街道到螢幕，非種族主義使用一切必要的手段，它的夢想是透過與他人的創造性和批判性參與來塑造全球性的開放社會，而不會有任何人被迫變為他者（the Other）。種族主義社會造成的窒息將被取代，所有人都可以在新的社會氣氛中自由呼吸。簡而言之，我們的初心是繼續堅持反種族主義，同時又可以遠離（後）種族主義的高牆和武器，永續地生活在一起。

後種族主義的歷史

如今種族應該已經是屬於過去的事物了。但似乎我們還是繼續談論它。我們在不談論種族的時候談論它；而當我們應該談論它的時候又偏偏繞開它。就如同製片人邁克・奧布洛威茲（Michael Oblowitz）最近以他獨特的饒舌辯證法對我說的，「後種族主義（the postricial）是最種族主義的。」這就是後種族主義思維（postraciality）的悖論現狀。

後種族主義的悖論

後種族主義與我們息息相關。當巴拉克・歐巴馬（Barack Obama）在2008年當選時，它就誕生了，或者從某種意義上說，種族主義思維（raciality）又重新誕生了。在美國第一位黑人總統任職後，後種族主義思維就成為公共議題，而且宣告其已成為一種普遍狀態——至少如此希望。這很快就引起了媒體的熱烈討論，尤其是美國以及全球其他有種族歧視的社會，討論它們是否已經進入後種族主義時代。如果要徹底抹除一個（曾經）自稱白人國家的種族歧視歷史所需的一切，似乎只需要一個黑人英雄——歐巴馬或曼德

拉——當選總統就能辦到。

偉人版本的歷史又重新上台。

我們今天居住在，或已經越來越接近居住在一個後種族主義的社會——這樣的主張堅持認為現在社會生活的關鍵條件越來越不取決於種族方面的偏好、選擇和資源。其中包括居住地點、教育背景和服務機構的支持、就業機會、社交網絡和互動——簡而言之，就是人生之中的各種機會。後種族主義聲稱我們正在、或接近、或應該生活在造成限制的種族歧視之外。尤其是，在美國和南非這樣的社會中，它假定人們無論被判斷是什麼種族，（應該）都有相同的生活機會。它假定人們因應努力、精力和內在能力就可以決定自己的生活前景。它堅持認為，種族的歧視和不利條件的遺留問題會隨著時間的流逝而逐漸消失，最後直到今天達到這樣的程度，即便如果這些歧視和遺留還存在的話，它們也應該已經是僅限於個別的偶發狀況。它不是結構性的或社會強制性的。後種族主義的種族歧視多次爆發——這說法本身的尷尬之處揭示了它們的異常——被認為是偶爾的、非系統性的，而其影響會逐漸減弱。

照理說，我們對待它們就應該像對待路上聽到的咒罵聲：關上車窗然後就此把車子開走。

因此，後種族主義思維既是主張又是願望（Steele, 2008; Hollinger, 2011）。它既是描述性或事實性的，也是規範性的。那麼，為什麼現在「後種族主義」的流行不僅只是在美

國，而是在所有種族議題能引起巨大共鳴的地方都很流行？本書接下來的論點對這一緊迫的問題給出了一種被低估了的回答。

與種族主義思維（racialities）和種族主義一樣，鑑於種族歧視歷史的差異，後種族主義的狀況和表達方式在各個社會也會有所不同。在美國，關於實現後種族主義的討論是明確的，雖然有時討論本身相當平庸，在南非這種討論有時表達得比較理想，而在巴西關於後種族主義則實際上保持沉默，這三者之間存在明顯的對比。

那麼，為什麼以後種族主義為名義的種族主義公開言論，會變得比它從1960年代以來更加熾盛和惡劣？這樣的例子多不勝數：在美國，關於歐巴馬、佛羅里達州桑福德的特雷沃恩・馬丁（Trayvon Martin）被殺案、密蘇里州弗格森的邁克・布朗被殺案和紐約州的埃里克・加納被殺案這些案子的言論，還有有關警察暴行和「夢想者」（譯註：DREAMers，指的是美國的「夢想法案the DREAM Act」的受益者；「夢想法案」全稱是「保障外籍未成年者的發展、濟助與教育法案」〔the Development, Relief and Education for Alien Minors Act〕，旨在確保美國境內非法移民能受到一定程度的教育。自2001年提出至今仍未通過）的討論，都普遍存在種族歧視；在整個歐洲，反猶太主義（anti-Semitism）、伊斯蘭恐懼症（Islamophobia）和反移民的情緒相互聯動而且有復興的趨勢；在以色列還有針對巴勒斯坦人和非洲移民

的種族主義情緒爆發。

面對這種現實，後種族主義究竟是為了什麼？為了誰？我得再問一次，後種族主義所做的是什麼樣的種族工作？它支持、合法化以及合理化了什麼樣的種族主義表達？難道這就像李普希茲（Lipsitz, 2012: 1）所論證的那樣，後種族主義思維是「被創造出來遮掩白人特權造成的後果」嗎？

這並不是說在種族問題上我們都沒有「進步」。在官方和個人經驗性兩方面的轉變之中，我們都可以指出明顯的標誌：發生於美國的1954年、1964年和1965年，以及再一次發生在2008年；在南非則是1990年和1994年等等。但是，在某些領域取得的進展，甚至包括了意義重大的第一次黑人參選總統，也並不意味著種族主義言論的加劇或是其形式的擴大和更新沒有出現在其他領域。這裡的種族主義意味著由於每個人被認定的種族歸屬而造成的生活和生活期待的被剝削、社會地位和權利的被剝削，以及個人尊嚴和社會可能性的被剝削。問題是這些全新的和更新過的種族主義表達是不是個別獨立的事件、非常態現象，或者是一個正在湧現的更大的模式——所謂種族學表達（raciological articulation）的一種新結構——的一部分。我將會證明它們毫無疑問是後者。

可以說，後種族主義思維就是我們所知道的種族的終結。

正如一位福斯新聞所樂於排斥的學者指出，在福斯新聞以此為頭條標題之前，注意它沒有說的是什麼。它並沒有

宣稱種族思維已經結束，更不用說種族主義了。迪內西・
德娑澤（Dinesh D'Souza, 1996）和其他人繼續一方面冒稱這
種不能成立的主張（即種族主義已經結束），另一方面又拙
劣地在電影和出版品中提出相反的觀點，來汙衊巴拉克・
歐巴馬是反殖民主義信念者（D'Souza, 2011; Scott, 2014）。
同樣地，保守派評論員約翰・麥克沃爾特（John McWhorter,
2008）在歐巴馬當選後立刻發表觀點：「種族主義已經結
束……。現在已經沒有重視種族主義的道德義務。」他兩年
後補充說道：「歐巴馬就職的第一年一再地向我們展示出種
族話題在美國再也不像以前那樣重要了。我們已經走了不
止很長一段路——我們馬上就要完全擺脫種族的問題了。」
（McWhorter, 2010）謝爾比・史雷勒（Shelby Sreele, 2007）
一開始預測歐巴馬不可能選上總統職位。面對2008年11月選
舉的反常結果，他毫無歉意地將其蔑視為美國民權遺產被挖
空了之後的充滿種族色彩的勝利（Steele, 2008）。在白人罪
惡感的驅使下，歐巴馬的勝選據說遠遠還不夠後種族主義！

　　相反地，所謂後種族主義思維代表了種族歧視終結的主
張所暗示的，只不過是某種對於種族概念的特定思考方式，
以及其中暗含的種族主義論述，已經開始被新的種族指稱和
種族主義表達的理解、次序和控制所取代。（我們所知的）
種族可能已經結束。但是種族主義卻不受注意地、甚至不被
發覺地、有可能永遠存在下去。

歷史上的種族主義

　　種族的概念席捲了現代世界，用它獨有的方式造就和毀滅了許多國家和社會。種族的表述和規劃形塑了現代世界，即使當現代開始讓位給各種「後-」（post-）的文化現象和表述模式，要取消種族表述的影響是相當困難的，如果不是完全不可能的話。種族思維作為貫穿整個現代的主要領導模式，早已控制了社會、國家及其主體內容的普遍定義和結構。確實，由種族思維所創造和標記的持續性條件將繼續構造社會。這情況就是如此，即使種族思維的各種明白的表象現在也許會被拒絕、被模糊、禁言或否認以對。種族主義已經被宣告結束，變成上古遺跡，如今人們都認為一種平淡的後種族主義狀態將會成為主流。

　　到底種族思維是如何對現代生活世界產生如此廣泛的影響，以致它的留存還在迴盪（Amin, 2010），即使在它的身後仍然如此咄咄逼人而又難以捉摸，它曾經的爆發仍然困擾著人們？隨著現代歐洲政治地緣的形成，種族概念體現為「去人性化」（dehumanization）的表達。種族的概念為現代歐洲的社會生活建立了歸屬感和疏離感的界限。正如法儂（Fanon, 1968）所描述以種族為藉口而進行的去人性化模式的那樣，這種「種族化」（racialization）被塑造和發展成為一種現代的歐洲觀念，是從文藝復興時期就開始逐步形成的。種族思維被用來劃定出一個歐洲版的「我們」，與那些

被視為局外者形成對比：不僅猶太人和穆斯林得遭受要不就是改變信仰、皈依基督教，要不就是被驅逐的命運，黑人亦然。這給這三種人形成了一種揮之不去的無歸屬性，在歐洲全球化之初，給歐洲的建立投下一片陰影（Goldberg, 2002）。

因此，種族形塑在其形成和社會化的一開始就和宗教密切相關：因為猶太人和穆斯林、黑人和印度異教徒被看作是形成歐洲的相對他者。從一開始就將不同的種族來源、親屬關係和血緣這些條件所造成的膚色差異綁定到文化上，將它們不同的生理條件綁定到行為預測上，將粗淺的生物學綁定到被預先認定的心理機制上。隨著種族的重要性不斷變化和強化鞏固，越來越被運用來作為現代國家建構和論述的核心技術，它透過吸收一些它所取代的神學思維來建立其決定性力量。

一旦進入宗教的範圍，這些決定性特徵就變成了種族主義。這些特徵包括人類起源故事的敘述、親屬關係的熱情和力量，以及社會所產生和形塑的身分識別手段的自然化。好比宗教在中世紀所做的那樣，種族思維現在為現代社會提供了出於個別化的社會匿名性的集體社群想像。確實，種族思維以狹隘的直屬家庭或社群經驗為基礎，投射出一種普遍化的人群或社會。現在，種族思維步上宗教的後塵，塑造了浪漫化的歸屬感，神聖化了和排外，還合理化了死亡。隨著種族主義成為批判性論述的對象，而不是被當作社會性的主要

生產者，它被視為像宗教一樣是過時的社會產物、前現代時期的遺跡，是退步的。

簡而言之，種族思維是宗教的世俗化。它抽象地、或多或少默默地將那些產生了宗教中豐富的社會產品的技術和辭彙拉進自己的表達方式之中。種族思維將這些技術和辭彙現代化的方法與宗教對中世紀和前現代的過去所做的事是大同小異。

種族主義的概念在它表達出其投注時的熱情以及塑造歸屬感和排外感這兩方面都表現出宗教的氛圍。

因此，種族主義以兩種相關的現代化方式被世俗化：第一，它越來越成為形成現代國家的一種統治技術；第二，種族識別透過制度化分類系統以建立人口等級制度來發揮。一旦透過宗教般的決心而建立起這樣的社會等級，種族定義就會成為對現代社會秩序和國家形成的主導論述。我將在第四章中說明宗教的世俗化如何在當今的穆斯林管理和穆斯林熱的擴散中體現出來。

種族思維和種族制度化的廣闊歷史弧線標誌著整個現代世界。從15世紀到19世紀，奴隸制構築了關於種族的絕大多數思想，即使不是全部。（黑人的）遺傳的劣根性和（歐洲白人的）優越感的思想助長並加強了奴隸制。種族觀念隨著時間的推移而變化，甚至貫穿整個奴隸制，一直以來是多種多樣的。新世界的印第安人得到的理解和待遇與舊世界的非洲人受到的不同。如果我們現在把當時的西班牙當作一種指

標的話，這二者雖然都被奴役了，但後者的被奴役要比前者更為容易一些。

　　猶太人和摩爾人因涉嫌顛覆聖經的真相而受到懷疑，因此受到折磨致死的威脅而被迫改變宗教信仰或是驅逐出境。中國人和巴達維亞人（Batavians）、日本人和印度人都被迫擔任家政服務，並且隨著時間流逝，他們也更容易成為混種家庭的載體。

　　因此，種族思維在這些生活世界之中和之外都已經觸及了邊界和束縛、限制和可能性。它驅動並構造了全球化和地區空間，描繪出了歸屬、機會和界限的輪廓。簡而言之，種族議題一直表現出這種奇怪的自相矛盾感，朝著不同的方向同時拉扯。它將人群固定在一處，將他們設置在預設的關於自然、可能性和可預測性的界限和範圍內。同時，種族也代表一種概念上的狡猾性，一種特殊的混淆性，在壓制人群和社會的同時，也規避了被固化成為單一的意義內涵、重要性和價值。

　　因此，這就是種族思維對現代世界所施予的持續的效用。其概念上的混淆和不穩定影響了人群，給某些人安排了機會，而對另一些人減少機會，從而允許它行使權力和征服。這種種族彈性還提供了社會能力以重新安排社會秩序、更新社會控制模式，然後有意誇大某些模式，又相對削減了一些其他的模式。

　　這種缺乏固定性的種族思維很好地滿足了權力者的利

益，因為它允許運用其靈活的能力將人們固定在原地。它把異質性同質化，而這正是將社會管理現代化的關鍵工具。

因此，各國都透過種族管理技術來建立現代性。種族思維推動了殖民地的形成，同時也界定了與殖民地相關的大都市。它標誌著社會地位和資源可得性、特權和權力。它定義了誰才是人類而誰不是，誰是自己人而誰是可剝削的，不僅是誰應該工作，而且還有他們被許可從事哪些工作。種族思維確定了哪些人的身體是可買賣轉讓的，哪些人是社會上算數的人，而哪些是可以隨意支配的，哪些人有資格（依靠壓榨別人）活著，哪些人可以被遺棄或被殺死，在何處以及如何被殺死。

在15世紀至19世紀，根據種族思維的流行定義將歐洲血統的人們定義為天生優越，而非歐洲人或被認為歐洲血統不那麼完整的人們則被定義為本質上低下，然後將他們物化（objectification）。因此，它將政治和經濟兩種權力鬥爭的結果自然化，並固定它們的意義。這種種族自然主義（racial naturalism）支持了奴隸制以及暴力殲滅性國家行動的其他形式，從西班牙殖民主義、比利時國王的剛果自由邦（Belgian Free State）、德屬西南非洲到納粹德國。

（似乎任何自命為「自由」的國家都是透過驅使土著和無歸屬人群來作為勞役和性奴，成為隱形人，以及如羅斯・威爾森・吉爾摩〔Ruth Wilson Gilmore, 2007〕所說，由種族主義造成的「過早死亡」來這樣達到的。）

　　自現代世界出現以來，種族思維就提供了多種社會秩序、國家統治和人際關係的模式。它創造並標記了促成社會地位幾乎所有有意義的條件，足以橫跨各種人生前景和死亡可能性。種族與階級和性別分級一起具體化這些可能性、規範著生活的世界和生活的方式，以及再造生法與死法的各種條件和視野，從字面意義上講就是從出生前到死亡後，從出生權到下葬點。

　　種族主義一向以人口定義、分化條件和可處置性（disposability）為前提：「黑種人」或「黑人」、「穆斯林」或「摩爾人」、「猶太人」、「亞洲人」或「東方人」以及還有，如果更含蓄或是不明說，「白人」或「高加索人」或「歐洲人」。這些是由種族配置所產生的標識。它們的被賦予或是被採用，乃是緣於這些因素的相互作用：科學式和大眾式的探討、哲學和宗教的定義、文學和歷史的表現，以及政治與文化上的分類。

　　因此，它們一直以來都與地理和空間有關，與宏觀上的地緣政治秩序有關，在微觀上也與在地規劃和生存條件有關。

　　在微觀的尺度上，由於拒絕與他者產生關係、提倡迴避互動，以及否認社會異質性這三樣造成的種族議題的緊張關係直接引發了有針對性的侵略。這些侵略有時會帶來致命後果。它們反映並繁殖出了宏觀種族思維表達的抽象概念。在這裡，種族主義的爆發和後續影響或多或少都是致命的，它

們的表達常常是粗暴的，它們是更長時段衝突的歷史的直接表現。這種以民族中心的思想成為種族衝突的「現代化」的要旨和恐怖之處。當種族歧視被添加到種族主義的混合物之中，敵意和不穩定因素就會具有爆發性。

因此，種族主義及其表達或多或少地與定義、部署和處置人群及其產物有關。他們決定誰能控制這些考慮和實踐的模式。簡而言之，種族主義事關權力的控制：誰去執行而誰接受其結果。

反種族觀念

但至少從16世紀開始，一種對種族表達的對立觀念（counter-conception）開始起作用，它反對在沒有避免（或虛化）支持種族思維的情況下，將基於種族思維的強權統治自然化。我們可以說這是第一次的反種族主義（antiracism）。如此一來，歷史上的一系列反種族主義和對它的回應就開始運作了起來。最初的對立（counter-）或反（anti-）種族主義最早是由拉斯·卡薩斯（Las Casas）（譯註：全名Bartolomé de las Casas，16世紀西班牙多米尼克修會教士，曾致力保護西班牙帝國治下的南北美洲印第安人，對虐害他們的西班牙殖民者竭力控訴）這類的人在1550年代與塞普爾韋達（Sepúlveda）（譯註：全名Juan Ginés de Sepúlveda，西班牙文藝復興時期的人文主義者、哲學家、神學家，也是殖民奴隸

制的擁護者）的辯論中所表達的，這些方式開始說明了國家在種族分類決定中所扮演的作用。這種對種族的最初反傳統發現那些非歐洲人群體在**本質上**其實並不遜色。因此，在歷史上和概念上反種族主義的第一次表達，也許是最明顯的一次，其特徵就是反對將基於種族思維的強權統治自然化的努力。

這種反自然化的努力揭示出了自來普遍存在的種族歧視模式以及其所反對的那類種族歧視。一般而言，這種反自然化的努力堅持認為，與那些歐洲人或歐洲血統衍生的人相比，非歐洲人得按照等級來劃分為比較不成熟、不文明的類別。但是，在這裡沒有任何內在因素可以阻止任何非歐洲人（透過教育和自我努力）走向成熟。

因此非歐洲人可以獲得文明，可以變得文明（即透過教育、文化和習慣上模仿歐洲人）。變得文明意味著在運用理性能力上有所進步。「非歐洲人」逐漸成為一種重要的種族稱呼，並在一個時間點上成為一種政府行政上的類別，這一事實揭示了這裡隱含的種族邏輯。

我在其他地方所指稱的**種族性歷史主義**（racial historicism）（Goldberg, 2002）裡因而包含了一種人文主義。它暗示著一種成為人的可能性，雖然它否認當時已經存在著跨越所有階級和社會地位的平等現況。這種種族歷史主義助長了不少的廢奴運動（the abolitionist movement），包括愛德華・布萊頓（Edward Blyden）等一些著名的黑人行動者，並

且原則上在約翰・史都華・彌爾（John Stuart Mill）的哲學著作和殖民地行政職能兩個層面上都得到了印證。從18世紀到20世紀，它為廣泛的表述和政策奠定了基礎：從拉丁美洲的卡斯塔（Casta）（譯註：卡斯塔是西班牙人在18世紀時在西班牙帝國美洲地區和菲律賓建立的等級體系）畫作到布蘭克阿曼托政策（*Blanqueamiento*）（譯註：是在美洲和大洋洲許多後殖民國家用來「改善種族」使其朝向符合所謂的白人理想社會、政治和經濟的策略）和種族民主政策，印度和南非的英國干涉主義以及法國的殖民同化主義。

在美國廢除奴隸制度後的一百五十年中，各州因應不同人口結構的行政政策和社會管理仍然保持著種族控制，儘管各州對人口、空間安置和國家認同等以種族思維為基礎的行政管理也隨著時間推移而發生變化。

這些變化，大約每20年發生一次，反映了不斷變化的政治和人口狀況、它轉化了人際關係和情感、品味和性格，不但在本地，也更延申到全世界。從19世紀跨到整個20世紀，再到新的千禧，都可以看到這些變化：從重建到種族隔離、從同化（*assimilation*）到整合（*integration*）和膚色中立（*colorblindness*）（或更廣泛地說是無種族差異〔*racelessness*〕）。繼而，在民權運動和越南戰爭之後，整合思維讓位並被包含進了多元文化主義（*multiculturalism*）。

多元文化主義是針對多樣性狀態而出現的文化和政策回應。它的部分原因是因為從南半球到北半球的晚期和後殖民

時代的移民的增加所導致，然後被1970年代中期的全球性衰退和尋求更大的經濟機會所進一步激化。

　　在澳大利亞和加拿大的案例中，我們可也以找到相似的軌跡。在拉丁美洲，後奴隸廢除主義（post-abolition）被布蘭克阿曼托、種族民主、多元文化主義的政策所取代，然後最近，在反歧視行動中享有接受高等教育的一種溫和的賠償正義政策興起，後奴隸廢除主義也讓位給這個賠償正義政策。在歐洲，優生主義主要由戰後的種族性懷疑主義（racial skepticism）（如迴避種族議題）和不甘不願的多元文化主義所取代。

　　這些指稱中的每一個都標誌著種族的概念，它們一方面要脫離早先的概念，一方面又要將其整合進來。他們提出了新穎的理解方法，同時又恢復了種族條件和政策，用於人口組成及其用於管理、紀律和控制的各種方法。

　　奴隸制顯然限定了這些基本權利：生命權、自由權、財產權、政治表達權以及出於政治目的的結社權。這些限定多少也影響了那些沒有被奴役的黑人和有色人種。後奴隸廢除主義的重建工作最初承諾（不論有多保守）要擴大到賦予黑人投票權、代議的參政資格、有限的土地所有權和生產技術。在美國，「四十英畝和一頭騾子」政策最開始是被認為提供給內戰期間與之後立即被釋放的奴隸。然而在絕大多數的情況下，他們往往最終都變成佃農和不熟練的勞力，工作收入僅能糊口。

　　相比之下，在許多情況下（包括英國和美國），國家動議向奴隸主支付數目不少的補償金，因為在削去這些「動產」的時候，奴隸主們的財富被侵蝕了。

　　對於遭受種族不公正對待的痛苦所做的賠償，似乎一再地被政府對奴隸主因結束奴隸制而受到的損失所做的「賠償」所抵消，如果不是被徹底超越。這種賠償方式既預設又延續——而非挑戰——奴隸被視為奴隸主財產的那種想法。白人的侵權福利（tort welfare）在福利國家出現之前早已存在。

　　奴隸解放運動正式地使獲得解放的奴隸能生活在所有他們力所能及的地方。然而，隨著種族貶抑（racial devaluation）繼續不承認黑人（以及更廣泛的非白人與非歐洲人）以及他們的貢獻，白人特權的政治力量開始尋求限制黑人的行動和對生活選擇的方法。這些限制橫跨公眾、經濟和政治生活的各種層級。種族隔離是全面化的一套結構性條件，透過它，得以實現對廣泛的人口移動、資源獲得和生活可能性的限制。種族隔離是種族思維決定的權力和特權的擴張，是必然會更新的反種族主義和反種族抵抗的目標和結果。種族隔離是透過一些法律和政策等官方制度與非正規經濟手段，例如，透過惡意定價將不被歡迎的種族相關產品排除在市場之外，而得以確立。

　　或許可以說，與種族隔離的分離邏輯最直接的對立概念就是**同化**（*assimilation*）。種族隔離的邏輯是要將人分離

的，而同化的概念邏輯則是將個人從曾經被排斥的群體中拉出並進入主流的政治秩序和結構的「熔爐」中。它試圖提供給那些沒有歸屬的人們一些機會，以融入並在由主流利益（即白人利益）所定義的共同邏輯之中運作。那些沒有種族優勢的人（非白人）可以藉由採用他們的價值觀、生活習慣、文化表達形式、志向和生存方式而變得像白人一樣。同化主義（assimilationism）是一種反種族主義，或者至少是名義上的非種族主義，其目的是將因為種族身分而被排斥在外的人納入已經穩固的角色定義和事業可能性的政體之中。正如史蒂夫・比科（Steve Biko, 1978: 24）曾經評論過的那樣，同化主義在經濟和政治上並未改變不平等的潛在結構，以至於讓「由白人所早已建立的自利的價值觀和社會結構所決定的特權和權力穩穩的站著」。排外的價值標準、不公平交易的尺度，成了同化的基礎。所謂非種族主義是由現在已經（幾乎）無聲地嵌入到政治組織中預先建立的種族概念所決定的。

同化的概念強調公開競爭和確保機會均等，但根據的是已經有利於長期早已存在的種族特權和強權的結構和規則。它將提升或貶抑種族的歷史自然化，使之成為如今人們宣稱的非種族主義的主張所根據的中立思維（即種族歧視的歷史是自然的而不是人為的）。相比之下，整合（integration）的概念力圖開放競賽的規範、參與的規則和評估的真義。如果它的目標是平等地參與，則參與的條件必須被設計成能夠

讓人們相信這些條件的公平性。整合概念引導了對於這種考量的基本規則。無論權力和機會現有的極度不平衡是否將實質性地影響考量過程的投入和產出，整合思維有些天真地假設，如果程序是公平的，那麼結果必須也會是公正的（我們在這裡想想羅爾斯〔Rawls〕說過的話）。

與同化一樣，整合的概念與我所說的「種族性非種族主義」（racial nonracialism），而不是「反種族主義」，要更為相合。種族性非種族主義試圖迴避歷史遺留下的種族控制和不公正。與之相比，反種族主義則力圖批判性地處理和糾正這些歷史遺留的影響。種族性非種族主義處理種族議題，或多或少擺明了不去識別和解決種族思維造成的歷史上的不公平和不平等，以及那些或多或少已經無法彌補的暴力傷害及其造成的累積影響。它以一種更低調的方式處理種族議題，來辨別那些被排斥的人，帶著他們進入一個被認為是不再有種族差別對待的社會之中。

由這種非種族主義所承認的歷史不公正，不是從那段歷史帶進現代的巨大損失、不是種族歧視的殘餘，而是認為問題只是沒有同化或整合這種表面的現象。它所說的種族問題只是缺少了非種族主義，而不是在民族國家產生和複製過程中的種族不平等。同化主義式或整合主義式的非種族主義，它們如果曾經出現過，也只是偶發事件，而不是透過深思熟慮的公共政策產生的。

再者，所謂膚色中立（colorblindness），其實是認定了

那種膚色，並聲稱對它視而不見。它在辨認種族的同時，又宣稱它看不見那必須得看見才能否認的東西。這是由兩個不同的觀點來看種族：一方面是以種族思維的框架來了解世界，一方面又承認這種框架所帶來和產生的陷阱、局限、特權和負擔（Mitchell, 2012）。種族性非種族主義從認識論上講是有意的無知，而從政治上來說，它堅決地贊成模棱兩可的意見。這是一種惡質的雙重標準。

這種惡質的雙重意識——一方面認同種族思維，一方面又否認——至少在言辭上成為像美國這樣有著迅速擴大的多元種族的社會中普遍的標準說法。

多元種族主義的這種種族性的非種族主義思維（racial nonraciality）將自己擠入了在日益增長的種族混合和混血的浪漫情懷中發展的溫和的中間地帶。夾雜在兩種種族主義思維所投射的黑白兩頭極端之間，所謂多樣的（the multi-）和居中的（the middle）、混合的和混種的，共同聲稱了「大家相處一切安好」的浪漫化價值。從1970年代到新千禧，制度性多元文化主義（Institutional multiculturalism）實際上成為了對那不可以被提及者（即種族主義）的命名。在非種族主義思維（the nonracial）——即否定或否認種族思維——使種族主義消音的情況下，種族主義思維變異成為多元文化主義。

種族和族裔（ethnicity）兩種概念的內在結構一直都有所重疊。它們彼此交叉，至少部分地定義了彼此。第二次世

209

界大戰後，尤其是在歐洲的舞台上，由於預期種族主義即將消失，族裔概念開始定義了主要的人口群體的分劃原則。人們認為用族裔文化（ethno-cultural）作為描述方法具有較少的分裂性和社會危險性，因此可以用來解釋人口歸屬、劃定邊界以及（多多少少不動聲色地）封閉邊界和實行放逐。它用於形塑、定義和圍堵那些始終不受掌控法規約束的人口移動。種族的消音與失聲被更加容易被接受的文化擴散所填補。種族和族裔再一次透過文化的手段而融合在一起。

　　然而，具有諷刺意味的是，這種對文化多樣性的讚揚卻忽略了它對種族思維的文化化，也就是它反覆地用文化區分的方式來表述種族思維。有一個刻板印象是，白人都自以為在整個現代社會中非常努力工作，黑人罪孽般地懶惰，穆斯林全是暴力分子，亞洲人則難以理解。簡而言之，所謂的文化化（culturalization）是所有種族思維達成「一切後-」（post-al）的墊腳石，是這些種族思維幽靈般的來世。族裔種族主義思維（ethno-raciality）以1970年開始的多元文化主義的名義成為了新的種族主義思維。我實在很想說，雖然新「黑人」眨了眨眼睛、點了點頭表示贊同，但其實他們距離已故的前人並不遠。正如「橙色就是新時代的黑色」，「新黑色」不過就是舊的那個「黑色」換了一身橘色衣服罷了。（畢竟，這些事態的發展恰好與1970年代初到上個千禧末黑色和棕膚色的監獄人口迅速激增不謀而合。）

　　在新千禧的前十年，種族主義思維和非種族主義思維的

譜系關係發展到了尾聲，終於無以為繼，最後破產。與多元文化主義的共舞足足持續了四分之一個世紀，尾隨於20世紀的終結和新千禧一開始的文化。英國首相大衛·卡麥隆（David Cameron）受到德國總理安格拉·梅克爾（Angela Merkel）支持，宣布「對（國家的）多元文化主義發動戰爭」，並譴責其煽動了「極端主義意識形態」和「本土的伊斯蘭恐怖主義」。

後種族主義現況

因此，後種族主義的出現，是多元文化主義被認為或預期的過度發展和失敗所造成的。受後者的啟示，後種族主義自認為是我們以為的種族的終結，其自信的宣示，就像當卡麥隆在推翻多元文化政策時說，是「結實有力的自由主義」（muscular liberalism）。於是，後種族主義思維非但不是種族主義的終結，它其實還代表了一種思考種族的特定方式，一種暗含著種族主義思維的表述。就如卡麥隆的語言所暗示的那樣，種族主義思維已經被更新的理解、規範和控制所取代。簡而言之，後種族主義遠非種族的終結，而是新種族主義思維（neo-raciality），是種族主義的延續，如果不是復活的話。可以說，這就是種族性歷史主義的內在意涵（如果不只是影響），是種族性歷史主義可預見的結果，只是到了現在它強烈的排他性意義才表現出來。要拯救宗教性的極端和

暴力者，只能讓他們透過知識上的「成熟」使他們從被誤導的多元文化迷途中清醒過來。而我們其餘的人也只能透過讓他們經過知識上的「成熟」而從他們手中被拯救出來。

　　以下各章依次論述什麼是構成後種族主義思維的種族「條件」，該概念代表什麼；其運作的種族邏輯（racio-logics）和社會治理的方法；後種族主義主體的界定，誰應該被認定是後種族主義思維最具代表性的當代目標；最後，種族主義之後還可能會出現什麼樣的未來。

新冠肺炎
種族偏見及歧視問題

國立臺灣大學公共衛生學院教授　陳秀熙

　　種族偏見及歧視是長期以來世界各國所面臨的歷史文化的重要議題，也是促成今日聯合國提出永續發展（Sustainable Development Goal，簡稱SDG）指標最重要的緣由。圖一上方是有關種族偏見所存在之系統結構基本面向，其中貧窮及飢餓是SDG的第一及第二指標，至於種族長期歷史演化所產生各民族間種種歧視、分離及隔離之基本根源問題。數十年以來，種族、性別與社會地位皆會影響人們工作和受教育的機會，對於弱勢族群而言，其在健康及醫療系統、教育系統、工作環境中所受之壓迫和權力不對等的現象更是長期存在的，從而導致弱勢族群在這些系統內被邊緣化，進而社經地位都是較差的，也是促成今日社會社經地位的弱勢族群（marginalized population）產生，而衍生出多元文化面向種族不平等問題。

　　2019年底新冠肺炎初起及2020年世界大流行下，無論何

種年齡、種族、性別或社會地位族群均受此波新冠肺炎世界流行的侵襲，各項因應新冠肺炎防疫措施如邊境管理、封城、自購口罩防護等等，不僅影響了人們的就醫與工作型態，在公共衛生防疫與經濟環境互相拮抗的情形下，新冠肺炎流行傳播不但產生新興種族偏見與歧視問題（如「中國病毒」之稱呼），強化了此遭受歧視或不公平對待的現象，更加劇了此弱勢族群所產生的種族不平等。本章將針對此種族不平等所產生個案感染及死亡之衝擊分別說明。

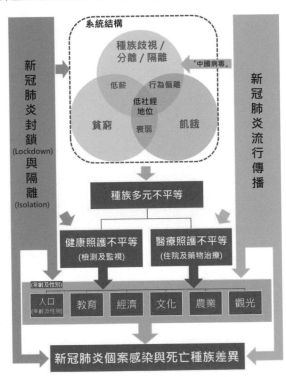

圖一、新冠肺炎下種族偏見與歧視系統結構與種族不平等健康衝擊

中國新冠肺炎病毒（Chinese Virus）與種族歧視

　　由於新冠肺炎病毒首次通報是來自於中國的武漢市，自從疫情爆發以來，亞裔／亞裔美國人一直被當成病毒的代名詞。如當時的美國總統川普甚至稱COVID-19為「中國病毒」，其結果就是亞裔美國人被視為疾病攜帶者而備受歧視。我們也目睹亞洲人和亞裔美國人在疫情時遭受的歧視加劇。社交距離改變了美國人的生活方式，導致許多亞裔美國人不得不適應一種新的生活和工作方式，同時還要應對日益增加的歧視。因此，我們對於弱勢族群在疫情時所產生可能的健康不平等，以及新冠肺炎疫情下藥物治療、疫苗分配等更應就弱勢族群之保護原則，予以重視及關心。

美國新冠肺炎族群及種族健康不平等

　　雖然新冠肺炎在全球造成大流行，然而新冠肺炎在不同種族間感染與死亡差異，也已引起許多關注，在感染數與死亡數所產生的種族不平等議題，此現象以美國最為嚴重。依據美國疾病管制署在疫情初期統計，美國染疫的個案有6成為非白人，而非白人也占死亡個案的一半。在美國49州中有47州的新冠肺炎發生率是非白人高於白人，而死亡率在美國48州中有34州是非白人高於白人。美國疫情在2020年年中以後更加遽邊惡化，至2020年10月時新冠肺炎已經成為美

國45-84歲族群的第三大死因,在85歲以上族群更攀升到第二大死因。且45歲以上成年人死於新冠肺炎的可能性較其他死因要高。以加州3到8月因新冠肺炎超額死亡率(Excess Mortality)來說,封城時期(2020年3至5月期間)與重新開放後(2020年5至8月期間)超額死亡率有不同的趨勢。針對不同的最高學歷以及種族,發現在封城後期,高中學歷以上的超額死亡率有下降的趨勢,但是未達高中學歷肇因於新冠肺炎之超額死亡率則是增加了3.4倍,而拉丁裔也在這個階段增加了3.1倍。至於在重新開放之後,25-54歲成年人因新冠肺炎超額死亡率由每週4人倍增到每週11人,並且可以發現未達大學學歷的超額死亡率較擁有大學以上學歷要高,另外,黑人與拉丁裔的超額死亡率也多於白人及亞洲人。因為政策因素,因為職業暴露、住房擁擠、無法獲得充足檢測和治療,導致低薪工作者與其社交圈有較高的新冠肺炎死亡風險。

美國的新冠疫情至2020年底每日新增個案高達20萬人,由美國各州疫情中可以觀察到墨西哥裔美國人占比較高的州別(例如加州與德州)其累積確診人數也同時偏高。此一現象顯示弱勢族群可能是造成流行持續上升之其中主要原因。由美國新冠肺炎疫情在不同種族的死亡率可發現,至今死於新冠肺炎中有19%為非裔美國人,其死於新冠肺炎的風險是白人的2倍。對於新冠肺炎檢測及住院率在種族差異的探討上,位於紐約州的私人保險醫療體系所進行的世代追蹤研究

顯示，非裔美國人相對於白人以及其他族裔受傳染可能性高於其他族裔。就死亡率之分析結果顯示，考慮多重相關因素後，非裔美國人在新冠肺炎期間之死亡率仍為白人的1.6倍。此一現象顯示非裔美國人相較於白人具有較高由共病（糖尿病、肥胖、高血壓、氣喘、抽菸）而引致之住院。並且，於新冠肺炎期間，非裔美國人之住院率仍高於白人。但於新冠肺炎期間，非裔美國人之死亡即使在考慮多面向的相關風險因子後，仍高於白人（Golestaneh et al., 2020）。

另外，Kabarriti等人研究了一個以黑人和西班牙裔為主的族群。他們的研究顯示黑人和西班牙裔患者有較高的住院率，但在重症監護病房中黑人和西班牙裔患者的死亡率略低於白人患者（Kabarriti et al., 2020）。Muñoz-Price的另一項研究則為白人為主的族群，結果顯示黑人患者的患病率比其他族群高了5倍左右。然而，該研究結果顯示貧窮為主要加護病房病患的預後影響因子（Muñoz-Price et al., 2020），顯示美國仍然存在著相當程度的醫療上不平等。上述兩項研究均顯示出，黑人或西班牙裔患者的合併症可能性較大，但也同時有著較低的社會經濟地位。同時也都指出新冠肺炎死亡率的差異通常可被過去病史、社經地位等因素加以解釋。雖然這許多上述因子會因為橫斷性研究資料蒐集的局限而失真，但這些結果仍然值得重視。如果住院治療不會加劇死亡率差異，那麼擴大就醫機會可能會有所幫助，透過減少住院前後的死亡來改善不平等現象。此外，黑人和西班牙裔社區中新

冠肺炎的發病率升高，似乎主要歸因於社會性與結構性的醫療缺乏。

另一包含紐約州、紐澤西州、麻州、加州、德州、路易斯安那州、印第安那州、俄亥俄州，以及維吉尼亞州的調查研究中顯示，非裔美國人以及西班牙裔美國人的新冠肺炎感染率遠高於白人以及亞裔。除了高感染率外，非裔美國人亦有較高的死亡率。此美國不同州別間所存在的感染率與死亡率間的族裔差異也在相當程度上反映出美國在族裔間的居住生活環境、社經地位、醫療可近性等可能的潛在差異（Yeboa et al., 2020）。

非裔、美國印第安及阿拉斯加原住民及拉丁裔的死亡率均較白人為高，不同種族間，家庭內部傳播率不同，顯示家庭政策和更嚴格的家戶內社交距離遵守在減輕COVID-19傳播種族不平等的重要性（Ristovska et al., 2020）。非白人族群可能較難遵循社交距離的規範，不僅如此，也較白人有較多暴露於公共場所的可能，有較多機會搭乘公共運輸工具，也較不容易有接受醫療服務的機會，這些因素都造成新冠肺炎的傳播與治療，在種族間存在健康不平等問題。

英國新冠肺炎種族不平等

目前針對新冠肺炎的預後和種族之間的關係最完整的流行病學研究來自英國，發現相較於白人，非裔、孟加拉裔和

巴基斯坦裔的新冠肺炎患者，其死亡率高達3到4倍，而這些種族常常有較高比例的肥胖和其他慢性疾病，Townsend等人就可能的生理機轉、社經狀況和健康行為探討肥胖、少數種族和新冠肺炎之間的關係。經濟能力、健康狀況、居住環境和居家擁擠度因種族而有差異，這些都是造成新冠肺炎預後不同的因素，英國居住環境調查發現，30%的孟加拉裔和16%的巴基斯坦裔其居家環境都過於擁擠，但白人只有2%處於這種情形。相較於其他疾病，新冠肺炎死亡率在不同種族間的差異甚大，由此可知，社經地位的不同是影響新冠肺炎預後的重要因素。

維他命D缺乏生理機轉及醫療資源缺乏之種族不平等

關於種族、肥胖和新冠肺炎預後之間相關性可能的生理機轉為維他命D缺乏，維他命D透過維持細胞間封閉小帶的功能與減少細胞激素的產生來達到抗發炎與抗微生物的作用，目前已知病情嚴重的新冠肺炎和大量的細胞激素釋放風暴相關，隨機分派的臨床試驗發現補充維他命D相較於對照組可降低急性呼吸道感染的風險，非白人種族與肥胖都是維他命D低下的獨立危險因子，由此可解釋此族群的新冠肺炎病情為何較嚴重。除了各種族的慢性病如糖尿病與心血管疾病盛行率不同外，各種族發炎的生理機轉也有所不同，相較於肥胖的白人小孩，肥胖的西班牙裔和非裔小孩有較高的發

炎風險，部分原因來自於本身的身體質量指數（BMI值）與父母的衛教，但部分應是來自於基因。因此，種族的基因不同導致感染新冠肺炎時的免疫反應也有所不同，間接導致預後也因種族間有所差異。此外，健康行為與社會意識也是導致種族間感染新冠肺炎的預後不同的因素，由於語言隔閡與醫療資源的不足，使得少數族群無法獲得充足的資訊來對抗疫情和接受良好的照護。進一步研究必須釐清種族、肥胖和新冠肺炎預後之間的相關性，對於之後的公衛防疫措施會有所幫助（Townsend et al., 2020）。

弱勢族群之新冠肺炎疫情

隨著疫情持續進展以及全球各地反覆爆發的群聚流行，前述新冠肺炎以弱勢族群與少數種族為首要的小規模流行進而透過此一核心群聚事件傳播至不同族群，擴大成為大規模區域流行之模式也明確地顯示出防疫措施無法僅著重於生物醫學層面，而須將政治、社會、經濟，以及族群差異納入考量（Boulware,2020; Mithani et al., 2020）。

亞馬遜河原民新冠肺炎健康不平等

2020年在巴西確診超過百萬例時的4至5月時期，南美「亞馬遜流域」疫情就因此蔓延相當嚴重，死亡率居高不

下，是南美平均死亡率的3倍以上。疫情開始時，巴西亞馬遜州因疑似潛在傳播者為非法礦工入侵，3月初於首府瑪瑙斯市（Manaus）確診了一位英國遊客，隨著船隻病毒擴散至下游，馬納卡普魯（Manacapuru）、夸里（Coari）及特費市（Tefé）等地。亞馬遜河橫跨8個南美國家，擔負亞馬遜流域人們生活需要的所有物資，包括食物、藥品甚至是急救用品，都仰賴著亞馬遜河的船隻運送，其貫穿著多個國家並掌握著3千多萬人口的命脈。原住民人口基因的遺傳性純度更高，免疫系統較為低弱，再加上當地脆弱的醫療體系與人民知識缺乏，成為疫情重災區。

巴西在2020年5至6月中進行了兩次大型的血清抗體調查，發現血清抗體盛行率由1.9%提高到3.1%，並且在兩次調查中均發現，較為貧窮、原住民，以及家戶人口為6人以上的族群，具有較高的抗體盛行率的佐證，顯示這些弱勢族群被染疫機會較高，此外也發現血清抗體盛行率以及通報死亡數呈現明顯的正相關。

其他特殊弱勢族群之新冠肺炎健康不平等

新冠疫情造成的差異性除了表現在前述的種族間的感染以及死亡風險外，也表現於社會的弱勢族群例如社經地位、工作性質、移入人口，以及難民等族群。

美國利用人流移動資料與傳染病模型模擬推估美國在

2020年3至5月期間，是否進行解封對於疫情感染人數影響研究，首先以芝加哥此城市內不同場所為例，可以發現位於都會區的場所，包含全桌邊服務的餐廳、健身中心、咖啡點心吧，以及旅館等，因為人口流動密集度較高，相對停留時間可能也較長之因素，若解封政策實施下，影響的染疫人數風險將遠高於其他周邊區域場所。此外，該研究更進一步結合不同場所可能出現之社經地位人口以及社區人口學普查資料等，推估不同都會區中，低收入人口、非白種人族群若實施解封政策下人口流動與相對染疫之風險，研究結果發現弱勢族群在新冠肺炎疫情爆發下之不平等現象，會依據不同場所而有不同。此一結果顯現了各地方行政單位對於弱勢族群在疫情爆發期間之經濟與健康支援政策推動之差異，對應於研究所進行區域的流行趨勢之不同。對於感染性疾病而言，防疫措施在社會弱勢族群無法推行也表現於各地區疫情的擴大與持續傳播。

此外尋求庇護者、難民及外國籍移民由於居住環境相對擁擠、社交距離以及遠距工作等防疫措施皆難以實行，因此亦被視為易感受性族群之新冠肺炎高危險群，由於此族群社會支持度低、社經地位差且不易取得醫療照護及社會服務，當他們感染新冠肺炎後，回到避難所將增加傳染風險。各國對於此弱勢族群的因應策略也在相當程度上影響疾病在其間的傳播。因此葡萄牙、德國、英國在大流行期間有開放此族群接受服務政策，但許多國家在防疫政策上排除這群人，甚

至將其驅逐出境，造成疾病以此族群為流行核心向外傳播。

　　在中亞、中東以及北非等國家由於疫情政治動盪、貨幣貶值、通貨膨脹等原因導致食物價格上漲；此外防疫措施封鎖制度會使得家庭收入減少，亦使得此現象加劇。政府對於第二波疫情來襲時的反應能力下降，民眾收入減少，通貨膨脹、糧食短缺情形因此形成惡性循環。此弱勢族群—勞動性質工作-經濟分配議題-糧食供給議題的交錯關係，在社會結構中存在已久，也是許多社會與健康相關議題的核心，在新冠疫情期間，由於各國對於防疫策略所推行的廣泛性非藥物性防疫措施（non-pharmaceutical intervention，簡稱NPI）更加激化了此一問題影響的範疇，而在疫情中受到相當程度的重視（Swan, 2020）。

種族社經地位健康不平等

　　新冠肺炎對於弱勢族群不僅在罹病以及社會經濟壓力方面造成直接而嚴重的衝擊，此社會弱勢特徵亦更加使少數弱勢族群受到新冠肺炎疫情的侵襲。除了種族不平等外，不同社經地位族群也反映了新冠肺炎感染的差異。Emeruwa等人對2020年3-4月期間於紐約兩間醫院生產，且經核酸抗原檢測感染狀態的孕婦，藉國家資料庫串聯其居住區社經水平變數。居住區的建物規模、地價、鄰里收入低，孕婦的新冠肺炎感染率較高。鄰里失業率、家戶內擁擠度高，孕婦的新

冠肺炎感染率較高。有一涵括美國10州內主要都會區的研究發現，少數族裔占多數的區域，其新冠肺炎感染風險顯著高於以白人為主的區域，此差異在低社經地區（相對風險對比值:7.8，95%CI: 5.1-12.0）之情形尤較高社經地區為嚴重（相對風險對比值: 2.8，95% CI: 1.8-4.4）。該研究將不同種族以及各研究區域內的社經地位進行分層評估新冠肺炎死亡風險，在高社經地區中，族裔組成複雜之區域其新冠肺炎死亡風險高於白人為主地區（相對風險對比值: 3.8，95%CI: 2.2-6.7）。而在低社經地區，以少數種族占多數的地區其新冠肺炎死亡風險則為9.3倍（95%CI: 4.7-18.4）（Adhikari et al., 2020）。此研究明顯地呈現了貧窮以及種族組成異質性所共同架構而成的兩大新冠肺炎高傳播與高死亡風險，除此之外新冠肺炎在不同族裔的影響亦受到低社經地位所強化。

　　非洲過去在疫情較嚴重之國家（如：摩洛哥及利比亞）雖在2020年10月開始呈現穩定狀態，然而非洲接下來將面對的是疫情後經濟上的復甦。以南非為例，自從3月起的嚴格封鎖措施，雖然有效使得疫情下降，亦同時造成大量失業。2020年10月時南非失業率已高達42%，此肇因於疫情的社會不平等持續擴大進一步造成的貧窮及社經地位差異。

　　以非裔美國人在此次疫情的衝擊為例，此族群事實上長久以來相較於美國白人或其他族裔在社經地位上即處於較不利之地位，其健康識能、醫療資源可近性等亦多較為不利。這些特徵皆與弱勢族群相連結，造成該族群之慢性病與多重

共病比例較高，而新冠肺炎疫情透過其高傳染性特徵於非裔美國人的居住環境與社區環境中快速傳播並且對於多重共病者造成較高之重症與死亡風險（Gupta et al., 2020）。

工作場所健康不平等

工作場所群聚感染也存在種族差異，美國同一工作場所的工作者中，在14天內發生兩個以上的新冠肺炎確診病例，以西班牙裔較高，因為一線的工人大多數為西班牙裔及非白人裔，而這些工人的工作場所群聚感染風險也較高（Bui et al., 2020）。對受新冠肺炎感染之比例高於其族群比例的少數族裔工人應就其文化與語言上考量減災策略。

受不同年齡、種族、語言、收入和生活條件所造成健康不平等的人群中，均發現具新冠肺炎高感染風險，促進健康和疾病預防策略應優先考慮這些最容易受到感染的人群，並透過社會和經濟政策解決造成風險的結構性不平等現象（Rozenfeld et al., 2020）。

新冠肺炎與女性健康不平等

女性的多種角色在疫情時也值得我們關注，女性如何面對自身的多重角色，例如醫療主要照護者多為女性，面對疫情是屬於高危險感染族群，照護之外又是扮演家庭養兒育女

的角色，女性在疫情期間承擔大部分家庭責任的長期後果是什麼？需要做出什麼樣的妥協？這些都是值得深究的議題。此外，弱勢族群中的女性經常擔負家庭照顧者以及勞動工作者之雙重身分，也受到少數族裔的健康平權議題的影響，因而承受社會層面與健康層面的多重衝擊（Swan, 2020）。在實施社交距離等防疫措施後，美國除了傳統弱勢族群（如非裔、拉丁裔及美國原住民等）之失業率提升與華人歧視議題高漲外，女性與前述種族、弱勢多重角色在疫情衝擊下也呈現許多衝突（Kantamneni et al., 2020）。

新冠肺炎與醫療可近性

儘管增加醫療可近性的政策可能有助於提升健康平等，但僅此一項是不夠的。新冠肺炎預後不相等的根本原因還包括系統性結構的種族差異，例如歷史上的種族隔離及其後續對住房、運輸、工作機會、教育、營養、空氣品質、衛生保健等，所造成直接（例如工作條件、擁擠的房屋、致癌物的暴露）和間接（例如獲得健康資訊或保險的機會；合併症患病率上升；生命過程中累積的歧視風險）的影響。研究人員在研究種族相關健康議題時，需審視種族的結構問題與健康不平等（Khazanchi et al., 2020）。而臨床醫療照護人員、公共衛生與健康照護系統管理者，以及健康政策制定者都必須正視在此波新冠肺炎世界大流行中所彰顯的社會結構與健康

不平等議題，期盼全球各國家與地區能朝著實現健康正義的方向邁進。

新冠肺炎疫情下之藥物治療、疫苗分配與弱勢族群之健康照護不平等

由於前述弱勢族群在工作性質與生活環境之多重影響下，對於如社交距離與遠距工作等疫情控制相關之防疫措施造成之生活與經濟衝擊在許多國家的弱勢族群皆出現明顯的衝擊。如何在藥物與疫苗的發展中加入對於少數族裔與弱勢族群保護之考量，達到醫療健康平權，是在此波世紀疫病控制的重要議題。

除了前述肇因於暴露感染風險之不同引致的感染率種族差異以及與醫療可近性相關的慢性共病與治療引致的新冠肺炎死亡率差異外，新冠肺炎臨床試驗的納入研究族群也存在有種族的差異性。在美國進行的臨床研究中所納入的非裔以及西班牙裔美國人約僅占3-6%（Loree et al., 2019）。此一現象亦存於對新冠肺炎藥物與疫苗之臨床試驗中。即使由美國國家衛生研究院所主導的瑞德西韋臨床研究被納入試驗的病人，仍以白人為主，而非裔與拉丁裔美國人分別占20%與23%，美國原住民僅占0.7%，支持少數族群藥物效益及安全性資料相當有限（Chastain et al., 2020）。而Borno等人於2020年中對發表之統合性臨床研究文獻探討，納入6篇文獻

評估其受試者之種族差異。結果顯示在所有的研究中，非裔美國人之參與占比皆遠低於研究收案區域之非裔族群罹病個案比例（Borno et al., 2020）。例如在紐約市進行的臨床研究中，非裔美國人僅占11%，西班牙裔則占51%，而紐約州的非裔美國人與西班牙裔美國人則分別占該州個案數之31%與33%。而在波士頓的研究中，納入臨床研究的非裔與西班牙裔美國人分別為23%與17%，皆低於該市兩種族對應之罹病個案占比。此廣泛存在於臨床研究之種族差異現象對於新冠肺炎治療藥物在相當程度上局限了對少數族裔在藥物安全性與藥物治療效益反應之呈現與推論。對於少數種族如非裔美國人在新冠肺炎疫情中具有高罹病風險與高死亡風險，但藥物臨床研究卻納入較少的非裔美國人，此一種族上的差異對於日後運用所發展的治療藥物於此易感受族群不啻是更增加了新冠肺炎疫情對於種族差異的衝擊。

　　而專司全球疫苗採購及分配的COVAX平台的新冠肺炎疫苗分配策略採取兩階段政策，第一階段以國家為單位促使每個國家20%的人口皆可獲取新冠肺炎疫苗，第二階段將採嚴格控管疫苗供給量政策，以疾病威脅及易感受性進行危險分層評估，以危險分數評斷疫苗分配優先性，並承諾提供5%疫苗給人道主義組織替難民注射疫苗，WHO EURO亦支持制定針對難民和移民的疫苗接種的政策和規劃，因此在各國由3%推廣至20%的疫苗施打率時，應將此易感受性族群考慮於優先施打的族群中。根據COVAX之規劃，2021年預

計將20億劑疫苗配送至176個國家，其中預計將10億劑疫苗分配給低發展等貧窮國家。而疫苗的製造、取得及運送在中低收入國家中，以非洲為例，目前採取三大重點策略以確保疫苗取得，首先藉由新冠肺炎臨床試驗協會以加速非洲國家對於疫苗臨床試驗的參與，第二由銀行配合建立疫苗籌資架構確保疫苗預購，第三則是設立加強疫苗推廣、設立疫苗接種優先順序且發展運送系統。防疫措施如實施社交隔離措施可能影響弱勢族群所造成食物供給不足及失業率。

美國醫療社群因此倡議在控制疫情政策上諸如疫苗、檢測、藥物、非藥物介入措施等，皆須納入弱勢以及種族平權之考慮（Boulware,2020）。該文中並引述金恩博士之名言：「任何些微的不公義將對於整體社會公義造成損害。社會單一個人或族群所遭受的直接不公義對待，其效應將波及於全體族群，因此，任何一位國民對於此不公義皆不應置身事外。」作為現今新冠肺炎大流行的註解。

為了保障這些弱勢族群的健康平等權，國際上已提出三項政策建議：一、保障個人食物供給，二、改革勞工保險，三、促進社區發展。為了讓新冠肺炎對女性、孩童、懷有身孕的婦女、老人、移民及失能者等弱勢族群的影響降低，國際間也提出風險溝通和社區參與行動（RACE）準則來改變弱勢族群社區參與所面臨的新冠肺炎挑戰。

總結

　　本章由種族偏見與歧視系統性結構為主軸，配合SDG概念提出種族不平等多元性架構，並著重於弱勢族群所存在的種族歧視及偏見的問題。此健康照護以及醫療照護不平等現象在存在已久的種族偏見與歧視系統性結構與新冠肺炎衝擊下更加擴大。新冠肺炎影響低收入和少數民族背景族群最為劇烈，在社交距離措施後，影響較多的是餐館／酒吧、旅遊和運輸業、娛樂產業、個人服務以及某些類型的零售和製造業。而這些工作場所雇用的婦女、非裔美國人、拉丁裔和美國原住民雇員的比例較高，因為其教育程度和經濟程度較低，也最有可能因新冠肺炎而失業，間接影響應被照顧的醫療福利，本章節實證醫學數據證明，其脆弱的醫療支持造成許多的感染及死亡。由於歧視和既有的工作機會不均等的現象長期存在，研究全球性危機期間對不穩定工作所造成之短期和長期後果。在不安全的工作環境中工作會對工作者的身心健康造成極大的影響。

　　種族歧視、貧窮與飢餓之系統結構受到新冠肺炎流行傳播以及在防疫措施下所採取的封鎖（lockdown）與隔離（isolation）的衝擊下，不僅反映出多重的健康不平等。弱勢族群在此社會、經濟與健康衝擊下更加劇並擴大表現於人口、教育、經濟、文化、農業，以及觀光等多層面下之弱勢族群之不利影響，造成其在疫情中經歷邊緣化和歧視。我們

應該發展出更有效的為邊緣族群發聲，如此一來將可以化危機為轉機，建立一個對所有人更加公平的健康照護環境。

參考文獻

Adhikari, Samrachana, et al.（2020）. Assessment of community-level disparities in coronavirus disease 2019（COVID-19）infections and deaths in large US metropolitan areas. JAMA network open 3.7: e2016938-e2016938.

Anyane-Yeboa, Adjoa, Toshiro Sato, and Atsushi Sakuraba. "Racial Disparities in COVID-19 Deaths Reveal Harsh Truths About Structural Inequality in America," *Journal of Internal Medicine*（2020）.

Berkowitz, S. A., et al.（2020）. Covid-19 and Health Equity—Time to Think Big. NEJM.

Borno, Hala T., Sylvia Zhang, and Scarlett Gomez. "COVID-19 disparities: An urgent call for race reporting and representation in clinical research," *Contemporary Clinical Trials Communications*, 19（2020）: 100630.

Boulware, L. Ebony. "Race disparities in the COVID-19 pandemic—solutions lie in policy, not biology," JAMA Network Open 3.8 （2020）: e2018696-e2018696.

Bui DP, McCaffrey K, Friedrichs M, et al.（2020）. Racial and

Ethnic Disparities Among COVID-19 Cases in Workplace Outbreaks by Industry Sector — Utah, March 6–June 5, 2020. *MMWR Morb Mortal Wkly Rep*, 69:1133–1138.

Chastain, Daniel B., et al.（2020）. Racial disproportionality in Covid clinical trials. *New England Journal of Medicine* 383.9: e59.

Emeruwa, U. N., Ona, S., Shaman, J. L., Turitz, A., Wright, J. D., Gyamfi-Bannerman, C., & Melamed, A.（2020）. Associations between built environment, neighborhood socioeconomic status, and SARS-CoV-2 infection among pregnant women in New York City. *JAMA*, 324（4）: 390-392.

Golestaneh, Ladan, et al. "The association of race and COVID-19 mortality," *EClinicalMedicine*, 25（2020）: 100455.

Gupta, Shruti, et al. "Factors associated with death in critically ill patients with coronavirus disease 2019 in the US," *JAMA Internal Medicine*, 180.11（2020）: 1436-1446.

Kabarriti, Rafi, et al. "Association of race and ethnicity with comorbidities and survival among patients with COVID-19 at an urban medical center in New York," JAMA Network Open 3.9（2020）: e2019795-e2019795.

Kantamneni, Neeta. "The impact of the COVID-19 pandemic on marginalized populations in the United States: A research agenda," （2020）: 103439.

Khazanchi, Rohan, Charlesnika T. Evans, and Jasmine R. Marcelin. "Racism, not race, drives inequity across the COVID-19 continuum," JAMA Network Open 3.9（2020）: e2019933-e2019933.

Loree, Jonathan M., et al. "Disparity of race reporting and representation in clinical trials leading to cancer drug approvals from 2008 to 2018," *JAMA Oncology*, 5.10 （2019）: e191870-e191870.

Mithani, Zamina, Jane Cooper, and J. Wesley Boyd. "Race, Power, and COVID-19: A Call for Advocacy within Bioethics," *The American Journal of Bioethics* （2020）: 1-12.

Mugoni, P. C. （2020）. Lessons for the COVID-19 response from a multidrugresistant tuberculosis study in South Africa: How public health promotion can reach vulnerable young women. *Southern African Journal of Public Health* （incorporating Strengthening Health Systems）, 4 （2）, 34-40.

Muñoz-Price, L. Silvia, et al. "Racial disparities in incidence and outcomes among patients with COVID-19," JAMA Network Open 3.9 （2020）: e2021892-e2021892.

Ristovska, Ljubica, Racial Disparities in COVID-19 Cases

and Deaths: Theories and Evidence（August 5, 2020）. Available at SSRN: https://ssrn.com/abstract=3668051 or http://dx.doi.org/10.2139/ssrn.3668051

Rozenfeld, Yelena, et al. "A model of disparities: risk factors associated with COVID-19 infection," *International Journal for Equity in Health*, 19.1（2020）: 1-10.

Swan, Elaine. "COVID-19 foodwork, race, gender, class and food justice: an intersectional feminist analysis," *Gender in Management: An International Journal*（2020）.

Townsend, Matthew J., Theodore K. Kyle, and Fatima Cody Stanford. "Outcomes of COVID-19: disparities in obesity and by ethnicity/race,"（2020）: 1807-1809.

Yancy, Clyde W. "COVID-19 and African Americans," *JAMA*（2020）.

理解歧視與偏見是人類救贖的起點

臺大醫院急診醫學部醫師、臺大癌症醫院安全室主任
石富元

　　妹妹的生肖屬虎，而我屬龍，小時候每當親戚有婚喪喜慶的場合，需要一個小朋友參加一些儀式，我常常是雀屏中選的那一個，但是妹妹時常連進去那個場合都不行，我當時並不知道為什麼，但還是很慶幸自己不是屬虎的。想像中，有些人的頭頂就有一隻隱形的老虎，當你不小心出席了一場婚禮，玉皇大帝就會讓哪一對新人成為怨偶，可是如果另外一個人頭頂是一隻龍，這對新人就會百年好合。當年齡漸長，參加這些儀式好像也不是一件重要的事情，生肖就不再是重點，很多時候甚至希望自己是不需要出現的。年歲漸長，逐漸地會面臨到人生更多的不平等，很多是人一生下來就已經決定的，這時候開始會去思考為什麼會有歧視及偏見。在台灣的時候，因為求學過程一路相當順遂，並不特別感受到有什麼歧視，出社會之後從事醫療工作，也算是社會上體面的行業，所以並不會覺得我們的社會有歧視，甚至認

235

為有些人被歧視，是因為他們不夠努力，或是做過一些不好的事情，也算是咎由自取。

　　直到出國在美國華府進修時，沒多久就能夠很明顯地感受到歧視的問題。由於華府大部分的住民都是黑人，過去在電影上的刻板印象，在大眾運輸或是公共場所跟他們坐在一起時，心裡還是會有一些恐懼。比較多的接觸之後，我發現大部分的黑人其實都很善良而且樂於助人，跟原先的想像有很大不同。到商店買東西或是接洽銀行開戶、電信瓦斯水電申請時，反倒就能感受到差別待遇，我們和白人的外型不一樣，講外語口音非常重，對於他們的文化不太了解，有些時候很難聽懂他們在問什麼，歧視別人的時候不會有感覺，當被歧視時才真正體會到歧視的存在。在美國的急診室，看到一些第三世界國家的病人，包含中南美洲、東南亞、東歐等的移民，很明顯地就跟美國當地人有很大的不同，感覺上他們的眼神總是透露著不安與恐懼，除了忍受傷病的折磨之外，還必須面對很多可能的差別待遇。美國是一個民族的大熔爐，每個人外型的差距、種族、宗教信仰都有很大的不同，所以要靠著非常多的法規制度，才能夠維持社會的正常運作。

　　回來台灣後，我赫然發現，台灣的住民，表面上看起來外型都差不多，文化或是宗教也都很一致，理論上不應該會有很多的歧視和偏見，可是我們對於少數族群、文化和宗教，反而缺少更多的包容，也沒有相關的自覺。面對急診室

的病人，很多外籍傭工生病或受傷被送到急診室，其眼神之無助，可能更甚於在美國看到的那些病人，工作人員對他們的態度明顯不一樣。台灣很多家庭都有雇用外籍傭工來照顧幼兒或是老人，在急診的暫留室，這些外籍看護工被要求做非常多的工作，例如一天二十四小時每兩小時要給病人翻身一次，一天灌食六次，灌食後要拍背三十分鐘，病人稍有咳嗽，還要隨時給予拍痰，更辛苦的是，他們整天只能坐在椅子上間斷地睡覺，而且要連續工作很多天沒有人輪替，他們有時候動作稍微慢一點，就會被大聲斥責，台灣本地人沒有人願意做這樣的工作，所以只能靠外籍傭工。有次參加同事的旅遊活動，由於當時孩子還小，所以我們都必須把小孩抱在手上，大包小包行李掛在身上，還要拉著嬰兒車，非常困窘；反觀有請外傭的人，就只見男主人與女主人輕鬆悠閒地快步前進，而後面的外傭手上抱著兩個小孩，全身掛滿行李蹣跚地跟隨，感覺似乎回到了南北戰爭時期南方的莊園。我們一談到歧視與偏見，就會想起像美國這樣的國家，卻從來沒有去注意到其實我們自己也有很多的偏見及歧視，卻完全不自覺，法規制度也沒有相對應的保護措施，因為我們大部分的情形是在關注他人有沒有被別人歧視。這正是像聖經所說的「為什麼看見你弟兄眼中有刺，卻不想自己眼中有梁木呢？」。

我們人類為什麼會有歧視？身為一個醫療工作者，在職場上看到的歧視與偏見的多種類型中，最常見的是因為疾病

而產生身體外型或是行為上的改變，例如肢體的殘障、因腫瘤所導致的外貌外觀變化，或是因為精神疾病或先天上發育的問題而產生的行為改變。這就讓我想起一位存在主義作家卡夫卡，在他《蛻變》一書中的故事。一個推銷員某一天醒來，發現自己變成了一隻令人生厭的蟲子，他原本親愛的家人與他的關係逐漸變冷淡，從疏離到隔離，最後變成是整個家庭的負擔，當他死後，整個家庭的成員甚至有一種如釋重負的感覺。透過主角的感受及視角，我們可以很清楚地感受到一個被歧視個體的心態轉變，及與周邊人群互動關係的微妙變化。這是一個寓言式的故事，現實生活中不會發生哪個人在一夕之間變成蟲子，但是這個故事會很貼切地發生在某個人的身上，例如當他發現自己得了某些腫瘤，例如口腔癌。人的互動及社會關係是逐漸累積的，這些外型的影響並不是立即讓關係產生變化，而是透過一點一滴的互動轉變，逐漸讓偏見與厭惡合理化，最終就產生了歧視，而且讓歧視他的人覺得這不是歧視，而是有明確的理由。在一些先天性的疾病，或思覺失調症的病人，這些社會的互動關係，更會導致他們受到歧視，而這類病人給人的印象及所產生的成見，也讓很多人還沒有來得及跟別人互動，就已經被貼上標籤而飽受歧視。跟卡夫卡寓言故事不一樣的是，很多時候他人外型或是行為只是和我們有一點點的不同，我們就開始排斥他們，更不用說到了變成蟲子的程度。

　　文化特質及社會氛圍的影響是不容忽視的。有些是因為

社會上傳統的文化或觀念，逐漸形成對於某些特定人群的歧視，在魯迅的小說中，這一類的人物很多，最典型的例子就是〈祝福〉一篇中的「祥林嫂」。魯迅所創造出來的祥林嫂是中國農村勞動婦女的典型，早年死了丈夫，婆婆要把她賣掉，她連夜逃到魯鎮做幫傭，因為力氣大工作勤快而得到太太們的歡心。不料被婆婆找上門，把她搶走與他人成了親。幸福的日子沒有多久，新丈夫在幾年後又因傷寒而死，所生的兒子也被野狼吃掉，變回孤苦伶仃一個人，只好又回到魯鎮前主人家中重新做幫傭。但是這一次祥林嫂就沒有先前的靈活，記性也壞了許多，臉上像死屍一樣沒有一絲笑容。她逢人便講起兒子的死和自己的悲慘遭遇，鄉親們起初還對她的遭遇頗感同情，聽多了逐漸就變成戲謔多於同情，甚至變成厭惡。主人因為祥林嫂再嫁的行為敗壞了風俗，怕玷汙了祭品的聖潔，從此準備祭祀的祭品便不再讓她插手，這對她猶如一記重錘，精神狀態更加不濟。祥林嫂聽信了旁人迷信的說法，怕死後被閻王分屍分給兩個丈夫，所以把一年工錢都拿去廟裡捐了做門檻，試圖要洗刷自己身上的罪孽。然而一切努力都是枉然，由於她的境遇每況愈下，終於被逐出了家門，淪落街頭成了乞丐，在一個萬家團聚之夜，死在了漫天風雪中。一個遭遇不幸、必須要在社會上苟延殘喘地過活之人，不但得不到他人的協助，反而不被接納而將之踩入痛苦的深淵，這些何等殘忍的行為，卻是大家在不經意的言行中一點點地堆疊出來。

　　魯迅在另一本小說集《吶喊》中的短篇〈孔乙己〉，也客觀地描述了歧視的場景，該篇小說的主人翁孔乙己為一個沒有考上秀才的讀書人，因為他姓孔，別人便從描紅紙上的「上大人孔乙己」這半懂不懂的話裡，替他取了一個綽號，叫作『孔乙己』。他為了科舉考試，只懂鑽故紙堆而缺乏實際工作技能，只會諸如「『茴』下面的『回』字有幾種寫法」這樣的迂腐知識。因為時代價值觀的改變，科舉考試被廢除，他喪失了人的尊嚴，淪為小酒館裡人們嘲笑的對象，後來還因為偷書而被打斷了腿，淪為乞丐。這篇小說有一個喜劇而戲謔的外表，但本質上是一個悲劇，當大時代的價值觀轉變之後，這些非屬於主流價值的人，就會成為被嘲諷戲謔的對象，但是他們也打從心裡瞧不起周遭其他的人。孔乙己這樣一個可笑又可悲的底層人物形象，可能會是我們每個人的縮影，或是我們未來要面對的。在價值劇烈變動的時代，我們原本自豪的頭銜及能力，可能化為可有可無的雕蟲小技，要面對人群的冷漠無情。魯迅的小說，某種程度上把這些悲劇背後的原因，歸咎於舊社會的封建思想，這自有當年的歷史背景，如果魯迅活到現在，他會驚訝地發現在新時代一樣有這些問題，歧視可能會是人類根深柢固的本性之一，在哪一個時代、哪一個社會這本質都會以不同的面貌出現。

　　如果說歧視會發生在每一個社會，而不是怎樣的環境才會產生，那我們會有興趣想去了解為什麼人會歧視。跟其他的人類本性一樣，例如美感，都有可能是先天的本質所謂

的「先驗說」，及後天學習得來的「經驗說」。外型弱小的人類，在面對一個危機或生存威脅時，必須要有一些很直觀的本能，才能夠在短時間之內採取正確的行動，例如逃跑，如此才能生存，讓我們的基因有機會繁衍下去。試想，如果原始人遇到一隻大型猛獸，是要先客觀而不帶偏見的去評估牠，還是先跑再說？這個情形我相信在動物界應該都是這樣。經過文明社會的裝扮，我們外型上已經變得很體面，可是內在的本質還是沒有變。一隻山羊，可能很難接受跟有老虎斑紋外型的動物做朋友。所謂「羊質虎皮，見草而悅，見豺而戰」，這些可能是天擇演化的遺跡，雖然在現代社會可能沒有那麼明顯，只在心靈的深處流露。

相對於直覺的「先驗說」歧視，植基於過去人生經歷的「經驗說」歧視，更加難以處理。有可能我們是在後天的經驗學習所產生的成見，例如你在生活當中見過某些不好的人，他們有一些共同特質，你可能會不分青紅皂白地把這些特質跟你的不好經驗做連結，其實你可能並沒有真正的針對這些特質做過客觀的統計分析。俗話說「一朝被蛇咬，十年怕井繩」，就是說我們從過去的某一次經驗，可能會擴大解釋，而應用在所有同一類型的事物，例如我們曾經跟某一個同事共事經驗不佳，我們就很容易地把這位同事的性別、種族、宗教，甚至生活習慣等，都列為禁忌，避免再與有這類特質的人來往，時間一久可能我們也就忘記了這個偏見的經驗原始來源，而逐漸地變成我們的信念。更可怕的是，人際

關係是相互的,你對某個人的偏見,也會深切地影響到對方跟你的互動,導致偏向負面的相互對待,這更強化了你原先偏見的可信度。人是群體的動物,我們沒辦法獨自在社會中單打獨鬥,必須要有朋友一起合作來對抗潛在的危害。而基於動物的本能,會尋找與自己相似的個體當成朋友,因為相信你們有共同之處;而你也會把對方所不喜歡的,當成自己的厭惡對象,以此來加深強化彼此合作的基礎,甚至藉著羞辱他人,來博取同儕的支持與肯定。久而久之,這些偏見和歧視,就從個人層次進展到團體層次,人類的許多紛爭也就由此而生。

　　以上我們用生物及演化的理論,嘗試來說明為什麼偏見與歧視是很普遍的現象,這並不是要合理化它們,而是讓大家了解,要避免歧視與偏見,是要對抗很多心理及社會的深層複雜機制。現代社會都已經逐漸有各種防止歧視的法律制度,也盡量讓社會上的每一個人都享有公平的機會及待遇,但是法規是死的,人際互動是活的,心態上沒有調整,再多的制度都是徒然。更何況保護制度本身如果過度,也可能反而形成另外一種歧視,例如我們不希望老人都還辛苦地工作,但是徹底執行的結果,就會導致老人們都找不到工作,即使生活有迫切的需要。我們必須了解,我們在不知不覺當中都可能會對他人有偏見及歧視,這種自覺是改善最重要的因子,其次才是透過教育訓練來改善。古代陶淵明當彭澤縣縣令時,未帶家眷隨行赴任。他很擔心自己兒子的生活,因

為兒子應付自己生活上的花費都很困難了,沒有餘力雇請長工,所以送了一名長工給兒子照顧他的生活。他特別寫了一封家書交代原委,裡面的一句話震古鑠今:「此亦人子也,可善遇之。」提醒兒子這長工也是人家的寶貝兒子,必須要好好地對待他。陶淵明是距今一千六百多年前的人物,在那個士大夫階級劃分嚴謹的封建時代,這句話所反映的人道主義精神,真讓處於現代的我們汗顏。發自內心對於歧視與偏見的深刻自覺,是所有救贖行動的開始,也希望這本書所提到的種種悲劇,不會再發生在我們的生活周遭或是社會上。

種族、偏見與歧視

2021年6月初版　　　　　　　　　　　　　　　　定價：新臺幣350元
有著作權・翻印必究
Printed in Taiwan.

編　　者	熊	秉	真
	陳	秀	熙
著　　者	蒲	慕	州
	Philomena Essed		
	David Theo Goldberg		
	陳	秀	熙
	石	富	元
譯　　者	黃	咨	玄
叢書主編	沙	淑	芬
校　　對	陳	佩	伶
排　　版	菩	薩	蠻
封面設計	廖	婉	茹

出　版　者	聯經出版事業股份有限公司	副總編輯	陳	逸	華
地　　　址	新北市汐止區大同路一段369號1樓	總編輯	涂	豐	恩
叢書主編電話	(02)86925588轉5310	總經理	陳	芝	宇
台北聯經書房	台北市新生南路三段94號	社　長	羅	國	俊
電　　　話	(02)23620308	發行人	林	載	爵
台中分公司	台中市北區崇德路一段198號		
暨門市電話	(04)22312023		
台中電子信箱	e-mail：linking2@ms42.hinet.net		
郵政劃撥帳戶第	0100559-3號		
郵撥電話	(02)23620308		
印　刷　者	世和印製企業有限公司		
總　經　銷	聯合發行股份有限公司		
發　行　所	新北市新店區寶橋路235巷6弄6號2樓		
電　　　話	(02)29178022		

行政院新聞局出版事業登記證局版臺業字第0130號

本書如有缺頁，破損，倒裝請寄回台北聯經書房更換。　　ISBN　978-957-08-5827-3 (平裝)
聯經網址：www.linkingbooks.com.tw
電子信箱：linking@udngroup.com

國家圖書館出版品預行編目資料

種族、偏見與歧視/熊秉真、陳秀熙編 . 蒲慕州、Philomena Essed、
David Theo Goldberg、陳秀熙、石富元著 . 黃咨玄譯 . 初版 . 新北市 .
聯經 . 2021年6月 . 244面 . 14.8×21公分
ISBN　978-957-08-5827-3（平裝）

1.種族主義　2.種族偏見

546.5　　　　　　　　　　　　　　　　　　　110006922